La rose et le vin

du même auteur

Les Plus Belles Routes du Val de Loire, Paris, Minerva, 1996
Les Plus Belles Routes de Bourgogne, Paris, Minerva, 1997
La Cuisine des amoureux, Genève, Liber, 1997
Poitou-Charentes, Paris, Minerva (Vie, arts et traditions des villages de France), 1998
Orléans, ses vignes et ses vins au Grand Siècle, Orléans, Musée des Beaux-Arts, 2000
Le Pays cathare. L'Aude entre mer et montagne, Tournai, La Renaissance du Livre, 2003
Dégustations fabuleuses (Prix Edmond de Rothschild), Paris, La Table Ronde, 2003
Orléans et la Loire. Une histoire d'amour, Saint-Claude-de-Diray, Hesse, 2003
Orléans pierres vives, Saint-Claude-de-Diray, Hesse, 2004
Orléans. Le Temps des jardins, Saint-Claude-de-Diray, Hesse, 2005
Orléans. Portrait gourmand, Saint-Claude-de-Diray, Hesse, 2006

Anne-Marie Royer-Pantin

La rose et le vin

Esthétique du vin

Klincksieck

L’esprit et les formes
collection fondée par Liliane Brion-Guerry
dirigée par Eryck de Rubercy
27

Wilhelm Worringer, *Abstraction et Einfühlung. Contribution à la psychologie du style*
Friedrich Wilhelm Joseph Schelling, *Textes esthétiques des arts plastiques*
Aloïs Riegl, *Grammaire historique des arts plastiques. Volonté artistique et vision du monde*
Wassily Kandinsky, Franz Marc, *L’Almanach du* Blaue Reiter
Georg Lukács, *Philosophie de l’art (1912-1914)*
Alexandre Scriabine, *Notes et réflexions. Carnets inédits*
Esthétique et peinture de paysage en Chine (des origines aux Song)
Caspar David Friedrich, Carl Gustav Carus, *De la peinture de paysage dans l’Allemagne romantique*
William Butler Yeats, *La Taille d’une agate et autres essais*
Walter Pater, *Essais sur l’art de la Renaissance*
Francisco Pacheco, *L’Art de la peinture*
Roberto Salvini, *Pure visibilité et formalisme dans la critique d’art au début du XXe siècle*
Aby Warburg, *Essais florentins*
Philipp Otto Runge, *Peintures et écrits*
Le Paragone, le parallèle des Arts
Aloïs Riegl, *L’Origine de l’art baroque à Rome*
Marcel Beaufils, *Musique du son, musique du verbe*
Pierre Caye, Daniele Barbaro, *Le Savoir de Palladio. Architecture, métaphysique et politique dans la Venise du Cinquecento*
Lodovico Dolce, *Dialogue de la peinture intitulé l’Arétin*
Hermann von Pückler-Muskau, *Aperçus sur l’art du jardin paysager*, assortis d’une *Petite revue des parcs anglais*
Pierre Brunel, *Les Arpèges composés. Musique et littérature*
Marianne Werefkin, *Lettres à un Inconnu*
Friedrich Schiller, *Autoportrait*
Gabrielle Dufour-Kowalska, *Emil Nolde. L’expressionisme devant Dieu*

Klincksieck, 2007
ISBN 978-2-252-03632-7

À ma mère

La rose et le vin
Ou la clé des champs de l'esthétique

Bacchus, épris de la beauté
Des Roses aux feuilles vermeilles
Ronsard

Une rose ouvre son cœur à côté d'un verre de vin dont la robe pourpre brille doucement dans la lumière du soir. La rose est l'esprit et la forme du vin, et son âme parfumée aussi ; et je me souviens des vers d'Apollinaire :

Tu es dans le jardin d'une auberge aux environs de Prague
Tu te sens tout heureux une rose est sur la table
Et tu observes au lieu d'écrire ton conte en prose
La cétoine qui dort dans le cœur de la rose. (*Alcools*)

Entre la rose dont on entrevoit le cœur dans la pulpe odorante de ses pétales, et le vin de velours qui épanouit ses arômes, la connivence est étroite, vivace et fugace à la fois : l'un et l'autre manifestent, en ces minutes heureuses, le plus beau de tout, le plus désirable de tout. L'un et l'autre suggèrent l'accord parfait entre la nature et l'art – l'art du rosiériste et du vigneron dans ce qu'il a de plus subtil, et la nature dans ce qu'elle a de plus délicat et de plus fastueux. Contiguïté merveilleuse du Bon et du Beau : ma rose embaume le vin frais, avec une pointe de poivre, un soupçon de jacinthe, une touche de cannelle ; et mon verre de vin exhale un fin parfum de rose ancienne nuancé d'épices... Sorcellerie ? Un peu. Génie de la nature ? Beaucoup. Talent des hommes de l'art ? Passionnément.

La rose, le vin, mystère de ces choses parfumées, éphémères et délicieuses, mystère vieux comme le monde, pressenti par Omar Khayyâm : « Le vin a la couleur des roses. Le vin n'est peut-être pas le sang de la vigne, mais celui des roses » (*Rubayât*).

Célébrer la rose et le vin, c'est rendre un même hommage à la Beauté, c'est faire la part belle à la sensualité, à l'émotion, à la fascination, à l'esthétique ; c'est dire, à mots choisis, la grâce d'exister. Quand, voluptueux, ardent et rêveur, Ronsard emmêle les roses et le vin, il enlace de ses vers les joies les plus exquises de la vie, il les caresse, les hume, les savoure, répétant à ses amoureuses qu'il est bon de vivre avec l'instant qui passe, et que les roses et le vin font des souvenirs heureux, si doux à la pensée :

> Versons ces roses près ce vin,
> Près de ce vin versons ces roses,
> Et buvons l'un à l'autre, afin
> Qu'au cœur nos tristesses encloses
> Prennent en buvant quelque fin. (*Odes*, Livre IV)

La rose toujours s'apparie au vin dans une même délicate célébration du *Carpe diem* : cueille le jour amoureusement, comme on vendange grain à grain, par tries successives dans l'or patiné d'un arrière-automne. Anacréon, déjà : « Mêlons à la liqueur de Bacchus, la rose aux belles feuilles, la rose des amours. » Et Virgile brode là-dessus, en distiques élégiaques, dans son si joli poème, « La fille d'auberge », qui invite le passant à venir, entre les roses, le vin et les fruits odorants, cueillir la fleur d'un jour et le plaisir d'un instant, dans l'ombre d'un cabaret champêtre : « Voici des berceaux et des tonnelles, des coupes, une rose, une flûte, une lyre, et sous les roseaux ombreux une fraîche pergola. » La jeune servante syrienne a posé quelques roses à côté des coupes de vin et empli une corbeille de fruits de la saison, prunes dorées, mûres violettes, grappes de raisins, châtaignes et pommes doucement rougissantes ; elle a mis le petit vin du cru à rafraîchir dans le ruisseau qui murmure. Alors elle danse à pas lascifs, et dehors les cigales redoublent leur chant. *Carpe diem...*

Bois le vin, cueille la rose – telle est aussi la leçon hédoniste des poètes persans de Chiraz, jardiniers et vignerons de l'amour : « Une rose tremble dans la brise. Un rossignol lui chante un hymne passionné. Buvons du vin ! » dit un quatrain d'Omar Khayyâm, tandis que lui répond en écho un *ghazal* d'Hafiz : « Répandons les pétales de roses et emplissons la coupe de vin rouge » (*Divân*).

Et, quand Nerval reprend ce thème vieux comme tout, c'est ce miracle de grâce :

> Et la treille où le pampre à la rose s'allie...

Dans ces raisins et ces roses si mélodieusement enlacés, il y a toute la poésie du monde et la plus douce image du bonheur, entre les secrets du songe et les intermittences du souvenir. Sous la treille du poète aux yeux gris, on boit d'un petit vin clairet à la robe pétale de rose, et c'est délicieux, étourdissant et léger :

> Ta liqueur rose, ô joli vin !
> Semble faite du sang divin
> De quelque nymphe bocagère ;
> Tu perles au bord désiré
> D'un verre à côtes, coloré
> Par les teintes de la fougère.

(Odelette, *Petits Châteaux de Bohême*)

Verlaine à son tour chante en mineur, et se souvient à mi-voix de « l'humble tonnelle de vigne folle avec les chaises de rotin », où « les roses comme avant palpitent » (*Poèmes saturniens*).

Mais comment oublier, parmi ces airs anciens, la plus belle des métaphores de l'amour ? Le rosier planté sur la tombe de Tristan s'incline irrépressiblement vers la vigne plantée sur la tombe d'Iseut pour l'accoler, l'enlacer et mêler dans l'éternité les fleurs et les pampres, les corolles et les grappes. Comme pour prolonger, par-delà la mort, les rites sacrés du vin et de l'amour. Un peu de l'âme des amants survit dans l'embrassement doucement obstiné des rameaux.

Tout pareillement, un peu de *l'âmelette ronsardelette* survit, au prieuré Saint-Cosme, dans la vigne et le rosier qui font à sa tombe une ombre odorante et légère, selon le vœu du poète :

> Et la vigne tortisse
> Mon sépulcre embellise,
> Faisant de toutes parts
> Une ombre épars [...]
> La douce manne tombe
> À jamais sur ma tombe. (*Odes*, Livre IV)

Une rose couleur d'aurore, une grappe très mûre où viennent les abeilles – offrande familière pour entretenir le souvenir, au plus lointain des jours. Pourrai-je en recevoir autant, moi qui ne suis ni poète, ni vigneron, ni amante de légende ?

Je connais pourtant un vin de légende, un vin de très longue vie, dont le nom est comme le début d'un poème ou d'une aria : le *vin à la rose*, *Rosenwein*, élixir fabuleux provenant des premiers crus du Rheingau (Johannisberg et Hochheim), vieilli pendant des siècles sous les voûtes médiévales de la cave de l'Hôtel de ville de Brême, dans d'énormes fûts soutirés au compte-gouttes et jalousement surveillés par les bourgmestres. Chaque année, la ville envoyait à Goethe, le jour de sa fête, une bouteille de ce très précieux nectar, inspirateur des plus hautes pensées. Le *vin à la rose*, quel beau nom pour un vin de l'ordre du rêve et du désir, un concentré miraculeux de temps, une pure quintessence dont l'âge même est oublié !

On n'en finirait pas de broder sur le motif de la rose et du vin, cher au poète, au jardinier et à l'œnophile, un motif qui se donne à lire comme une invitation au plaisir, mais aussi comme une pure image de la beauté des choses, cette beauté qui change et qui dure, qui émeut et qui éblouit. Ce pourrait même être la plus exacte référence de toute beauté imaginable.

Motif, métaphore, figure de style, certes, mais aussi élément du paysage : dans les vignobles de haut lignage, le pampre à la rose s'allie comme dans une promenade de Nerval ; au bout de chaque rang, voici fleurir un rosier, qui vient ajouter, à la stricte géométrie des cordons de vignes, un supplément de grâce. Un bouquet de roses comme la promesse du bouquet du vin, comme l'assurance d'une juste harmonie, d'une proportion dorée entre l'utile et l'agréable, entre le durable et l'éphémère, entre le réel et l'imaginaire. (Est-ce pour cela que la coopérative de Pauillac, au crépi vieux rose, s'appelle précisément La Rose ?)

J'ai vu, au mois de mai, des festons de roses rouges couvrir le pied des « Grandes Murailles » dont les hautes arcatures ogivales à demi ruinées veillent, tutélaires et emblématiques, sur le somptueux vignoble de Saint-Émilion. Le temps est artiste, qui patine ainsi les vieilles pierres et fait refleurir la vigne et les roses, ces roses dont Ausone, au IVe siècle, épicurien charmant et vigneron du cru, dit si joliment la fragilité : « J'étais ému de voir, à peine écloses, déjà fanées les roses. » Raymond Dumay se souvient-il de ces vers du poète latin, lorsqu'il déguste un fameux Château Ausone ? « En silence, nous faisions tourner la liqueur rouge dans nos grands verres. Elle se creusait au centre, montait à ras bord. Une rose charnue et souple semblait éclore entre nos doigts. Elle avait plus qu'un parfum [...]. » Parler du vin confine toujours à la poésie, n'est-ce pas ?

J'ai vu des buissons de roses bien alignés ponctuer les impeccables règes médoquines – un peu comme un bouton de rose à la boutonnière signe l'élégance native d'un *gentleman farmer.* J'ai vu de vigoureux « Queen Elizabeth » appuyés aux échalas bleuis de bouillie bordelaise enjoliver les hautes vignes cognaçaises, enracinées dans le calcaire blanc de Grande Champagne. J'ai vu dans le Sauternais des polyanthas aux grappes de petites roses orangées, bouffantes et gaies, ourler les plus nobles parcelles. J'ai vu, sur les coteaux du Layon, des roses jaunes qui semblaient de miel, sur la toile de fond des vignes d'un vert épais, compact – gage des arômes miellés de ces merveilles de liquoreux nés du chenin au soleil des arrière-étés. J'ai vu les roses du jardin de La Lagune, l'exquise chartreuse au milieu des vignes du haut Médoc, et j'ai songé à Chardonne, amateur de fleurs et de grands bordeaux : « Au restaurant, demandez donc un château La Lagune ; regardez l'étiquette et, soulevant votre verre, respirez en confiance cette lourde fleur » (*Attachements*). J'ai vu la roseraie du château d'Haurets dans l'écrin des vignes du Haut-Benauge, où, en juin, le parfum des roses se mêle au parfum de la vigne en fleurs. J'ai vu, à l'abri des murs crénelés d'Yquem, une escouade joyeuse de roses vermillon monter à l'assaut du vieux puits de pierre. J'ai vu la rose *Clos de Vougeot* aux pétales de sombre velours, dans la cour du château dont elle porte si gracieusement le nom, et je me suis souvenu des mots amoureux de Gaston Roupnel pour évoquer le bouquet de ce vin, qui a « l'arôme des roses écloses de l'aube, des violettes sous la rosée et des résédas mouillés » (préface pour *Le Clos de Vougeot* de Camille Rodier). Ici et ailleurs, tant de roses enlacées à tant de vignes, juste pour le plaisir des yeux, pour la séduction discrète et racée, pour le rappel des arômes du vin. Juste pour l'esthétique.

Car il va bien falloir parler d'esthétique, c'est une évidence indéniable et c'est un mystère inévitable : la vigne et le vin éveillent tant de belles images, tant d'ardentes soifs poétiques, inspirent tant de bonheurs d'écriture, se prêtent à tant de variations et de métamorphoses, assemblent tant de goûts et de parfums, ont mué tant de terres en royaumes et tant d'instants en éternité, qu'il va bien falloir parler d'art et de beauté.

Et si, comme le dit Roger Caillois, « l'art, c'est la beauté produite exprès, créée intentionnellement, ajoutée par l'homme à l'univers, œuvre extérieure qu'il exécute à dessein et par ses propres moyens » (*Cohérences aventureuses*) – alors, le vin, dans ses expressions les plus accomplies, tient de l'œuvre d'art. Voilà, « œuvre d'art », le mot est lâché, énigmatique et limpide, précis et ambigu, doctoral et libertaire, élitiste et frelaté : comment dès lors l'appliquer, ce mot trop lourd de sens et de références, au souvenir émerveillé d'un vin, au pan de velours d'un vignoble, au geste immémorial d'un vigneron, au silence frémissant d'un chai où les lentes maturations se font, à l'émotion d'une dégustation solitaire ou partagée ? Comment raconter, sans excès ni rhétorique, l'étroite intimité qui associe l'art et le vin ?

Il faut avoir fréquenté ces choses de longue habitude, il faut avoir appris toutes ces choses modestement, savamment, patiemment, à force de parcourir les terroirs dans l'ordre et le désordre, à force de réciter la litanie des cépages, de deviner, les yeux fermés et les narines palpitantes, que la vigne prend fleur, de traîner dans le vignoble pendant les longs jours pommelés de l'été, d'attendre le soir dans l'épaisseur bleue des rameaux, de scruter le ciel au moment du ban des vendanges, d'écouter le vin se faire dans l'ombre et les fraîches senteurs de cave, de cueillir au pied des ceps la doucette, le poireau sauvage, le petit souci ou la tulipe de Saint-Martin, d'avoir goûté des vins des temps anciens, des vins qui ne se décrivent pas.

Il faut avoir fait toutes ces choses, quasi amoureusement, pour pénétrer peu à peu les mystères et la sagesse du vin. Il faut aussi se souvenir de l'enfant qu'on a été, gourmand d'odeurs, de ces odeurs qui résumaient alors toute la poésie du monde : cueillettes de fruits tièdes encore de soleil, confitures qui cuisent, pommes qui caramélisent dans la casserole, pain chaud, effluves de fourneaux, terre mouillée, herbe coupée, acacias en fleurs sur le chemin de l'école, feuilles mortes, bouts de crayons et bouts de zan, et mille autres odeurs nécessaires et suffisantes pour enrichir la mémoire olfactive, et apprendre chaque jour à mieux goûter et sentir. Oui, c'est important de se souvenir de ces heures de l'enfance, où l'on découvrait l'infini des nuances et la saveur du monde, où l'on dessinait de toutes les couleurs les miracles quotidiens, et le fruit et la table, et l'arbre et l'oiseau, et le verre et le vin, et le visage et le sourire, et l'ombre et la lumière.

Car c'est un art délié que de savoir écouter le vin, en démêler les parfums, en deviner l'histoire, en recomposer le paysage, en déceler l'esprit et la forme. C'est un art délié que d'élever un vin jusqu'à sa représentation la plus expressive possible, de sa jeunesse à sa plénitude, en se pliant aux exigences du Temps. C'est un art délié que de faire d'un beau flacon une fête et d'une dégustation un plaisir de tous les sens.

Donc, l'Art, le Beau, le Goût : ces mots viennent sur le bout de la langue dès que l'on parle (et que l'on goûte) d'un vin de haut lignage. Et l'esthétique est alors une irrésistible tentation. Mais, qu'on se rassure, rien de normatif ni de dogmatique dans cette esthétique-là qui laisse le champ libre à la sensibilité, à la sensualité, à l'émotion. À l'émerveillement. Une esthétique jamais enclose dans la certitude d'un système. Une esthétique et une poétique.

Car il s'agit bien aussi de poésie. Laissez-moi vous raconter encore une rose, encore un vin d'heureuse rencontre : en fermant les yeux, en faisant silence tout au fond de moi, je retrouve avec précision le nez délicat d'un « R » de Rieussec dégusté il y a des années, son bouquet gracile de fleurs blanches, acacia, chèvrefeuille, un rien de miel. Je revois la table nappée de blanc, avec des taches dansantes de soleil, au bord de la rivière, et le fin feuillage du saule. Il y avait des huîtres, petites, vert pâle, de celles où passe si vive l'odeur de la mer, et des roses du jardin dans un vase ancien, des « Pierre de Ronsard ». Je me souviens, j'ai levé mon verre dans la lumière de l'été charentais et j'ai vu « le vin qui rit dedans l'or », tout comme l'a chanté Ronsard. Par la grâce d'un vin et d'un parfum, la mémoire garde toute vive la trace d'un bonheur perdu. Évidemment, cela nourrit la nostalgie.

Donc l'Art, le Beau, le Goût : tout ce qu'il faut pour prendre la clé des champs de l'esthétique.

Paysages avec vignes
Tableaux et beaux discours

> Dans le creux de la plaine où l'ardeur du jour tremblait sur les vignes.
> (E. Jünger, *Sur les falaises de marbre*)

> La lumière de midi ne pesait pas mais dansait légère sur les vignes.
> (J. Gracq, *Lettrines 2*)

Il faut d'abord un paysage pour que la belle histoire du vin commence : un paysage que modèle la vigne, et un terroir qui porte la vendange et se chauffe au soleil avec sa charge de pierrailles, de grappes et d'oiseaux. Un paysage heureux et immémorial, où l'on aurait aimé vivre, à l'heure ancienne, dans la rondeur des jours : « Sur les coteaux voisins, sur les pentes propices qui dominaient le village, s'étendait la foule des petits enclos. Ces versants roides et riants, ombragés de fruitiers, ouvragés de treilles et de jardinets, la vigne les escaladait de murées en murées, de grimpettes en grimpettes, capricieuse, échevelée, pampres au vent et au soleil. Ce vignoble, morcelé et difficile, donnait ce qu'il pouvait. Mais on en avait tant de soin et d'amitié qu'il finissait par trouver son soleil, rougir son pinot, dorer son aligoté ou son chasselas. » Il a quelque chose de la terre promise, ce vignoble d'autrefois peint à mots amoureux par Gaston Roupnel, dans son admirable *Histoire de la campagne française* qui se lit comme une ode à nos plus vieux paysages. À côté de ces « petits enclos où la vigne mûrissait ses grappes roses ou blondes entre les groseilliers, les rosiers et les ruchers », voici la vigne en gloire, triomphante, prenant à elle tout le pays « vers les contrées heureuses où elle trouve l'exaltation de la qualité ou l'abondance de la production. [...]. Elle couvrit le territoire de sa nappe victorieuse. Elle devint absolue ; et sur son flot étalé comme une inondation, le village ne fut plus qu'un îlot de toits ardents et de frais celliers » (*Histoire de la campagne française*).

Qu'elle soit de côte ou de plaine, modeste ou souveraine, parc ou jardin, enluminure ou vaste panorama, classique ou romantique, haut-lieu ou petit clos oublié, la vigne toujours embellit le paysage, fait tableau et parure, appelle l'estampe ou l'aquarelle, combine lignes de fuite et aplats de couleurs, figures et calligrammes, encre de Chine et richesses chromatiques, détails et vues cavalières.

Leçon d'esthétique dans un vignoble

La vigne toujours enchante le regard et inspire le respect : elle raconte l'histoire millénaire du vin et des hommes qui, pour lui faire donner le meilleur d'elle-même, ont dompté la nature, mis le soleil en gage, fécondé les cailloux, façonné les collines, transformé des sols ingrats en lieux élus, tracé des lignes au cordeau, apprivoisé les cépages, fait souffrir les ceps et crucifié les rameaux. Il y a quelque chose d'émouvant et de rassurant dans ces terres maigres et indociles indéfiniment modelées, ouvragées en terroirs de choix, berceaux de vendanges innombrables, et qui portent la marque de tant de constances humaines. Un paysage de vignes est d'une essence particulière – un peu comme si l'âme du vin y affleurait. C'est pourquoi il requiert quelque apprentissage du regard et demande qu'on s'y attarde, qu'on s'y attache, qu'on y rêve, qu'on y vagabonde, qu'on y vendange de belles grappes d'images.

Michel Serres préconise même une manière de *visite esthétique* du vignoble, dont il souligne l'aspect éminemment artistique et culturel ; et, quand le philosophe *visite* l'Entre-Deux-Mers, cela donne un somptueux tableau où tous les sens sont à la fête : « Le vignoble baignait dans les premières lumières de septembre, la gloire d'août finissait. Nous entrons dans les collines douces comme dans un autre monde ; règne un intense silence ; l'air immobile porte les tons et la clarté. Tout monte vers le soleil, il inonde tout de quiétude. Nous n'avons jamais vu de bleu ni de vert, nous n'avons jamais vu de vigne, le visible se tient là, tranquille et serein, tangible et tacite, spirituel ou embaumé. Les chemins courant le long des rangées ne vont nulle part, ils participent du jardin comme des guirlandes. La terre, brune, les ceps, chauds, les grappes noires et odorantes, les échoppes, basses, les pierres du lieu, les arbres rares, tous les petits détails singuliers, familiers ou méconnaissables montent ensemble, sans ombre, avec nous, doucement, vers le ciel, comme au jour d'avant notre baptême » (*Les Cinq Sens*).

Comme elles sont douces au regard, les rondes collines d'Entre-Deux-Mers sous le ciel aquitain, habillées de vignes et coiffées à la diable de petits bois de chênes, de charmes, de châtaigniers et de pins, où l'on va ramasser les cèpes dans la brume du point du jour et les châtaignes pour goûter le vin bourru, où les *paloumeyres* attendent en cassant la croûte le passage des palombes. Les routes ont des allures de chemins creux et les minuscules églises romanes sont des oiseaux de pierre nichés dans les villages. Les moutons broutent entre les ceps à la fin de l'hiver. Douces collines pamprées et douceurs d'y vivre, tant il est vrai qu'un paysage de vignes est un état d'âme, appliqué à durer et à transmettre la leçon de joie du vieux Dionysos, sous les soleils et sous les pluies, au gré des travaux et des jours, au rythme des saisons.

J'aime à lire, dans ces antiques terres à vignes, terres de continuité, d'accueil et de refuge, la marque d'une très secrète entente entre l'homme et la nature, seule origine concevable de la beauté. J'aime à songer que le travail, l'ordonnancement séculaire de chaque parcelle a été comme une intention d'art, la recherche de quelque excellence, et que des règles immanentes et immémoriales ont présidé au dessin (et au dessein) du vignoble. Raymond Dumay écrit dans son précieux *Guide du Vin* : « Le vignoble bourguignon, le plus surprenant de France, est une œuvre d'art au même titre que l'Acropole ou la cathédrale de Chartres. Plus encore : il fait penser à une mosaïque byzantine. [...] Le vignoble bourguignon a été construit avec la même exactitude infaillible que les cathédrales. » Vignes d'ici, vignes de là, vignes d'ancienne genèse, en courbes gracieuses ou en alignements rectilignes, en ordre rigoureux ou en manteau d'Arlequin, en coteaux galbés ou en terrasses cascadantes, en pentes douces ou en à-pics vertigineux, en damiers, tapisserie, passementerie, mosaïque, marqueterie d'un merveilleux ajustement, patchwork, lés : sous tous les cieux, il y a une harmonie particulière dans l'assemblage des vignes, mêlant esprit de géométrie et esprit de finesse, combinant le cultural et le culturel en un impondérable équilibre. Est-ce bien l'art qui imite la nature ou la nature qui imite l'art ? Gaston Bachelard, le philosophe à l'œil qui pétille comme du champagne, le grand rêveur des belles matières, l'or et la terre, le miel et le pain, l'huile et le vin, me souffle la réponse : « L'art est de la nature greffée » (*L'Eau et les rêves*).

La vigne va cheminant parmi les pierres poudroyantes, escortée de longs sillons terre de Sienne, ourlée de boutons d'or ou d'herbes sèches couleur de paille, tressant ses feuillages en frises d'un beau vert Véronèse, chevauchant les collines blondes, dégringolant dans les vallons fourrés d'ombre émeraude, filant vers des lointains bleutés, sous le roulis des nuages marins. Au penchant des coteaux, offerte aux jeux de la lumière, elle déploie une parfaite image de fécondité ordonnée, ouvrant des échappées familières, au carrefour de la poésie et de la géographie. Tout cela doit-il se peindre ou se raconter ? En tout cas, cela exige de faire halte et contempler, de faire silence et d'écouter. Cela exige d'être un bon contemplateur, c'est-à-dire doué d'un extrême sens de la nuance, d'une attention affûtée aux qualités sensibles des vivants et des choses, à la permanence heureuse des rites, à l'agencement des paysages, des masses et des couleurs, à l'enchantement de la pluie ou du brouillard, à l'éclosion toujours miraculeuse de la fleur.

Alors, pour bien visiter la vigne, pour en faire affleurer le sens, il faut un peintre-poète : voyez ce merveilleux regard de peintre et de poète que pose Ramuz sur les vignes de son terroir vaudois, quand l'automne fait, sur la toile des feuilles, un beau frottis de couleurs : « Et tout à coup on voyait toutes les feuilles, avec toutes leurs couleurs. Il y avait celles qui étaient restées vertes, celles qui étaient jaunes, celles qui étaient vertes tachées de rouge, celles qui étaient vertes tachées de jaune, celles qui étaient d'un jaune d'abricot, celles qui étaient d'un jaune vert comme l'écorce d'un citron. Et il y en avait qui étaient jaunes et rouges, et il y en avait qui étaient piquées de points bruns, il y en avait qui étaient toutes brunes comme si elles avaient été brûlées. [...] Certaines enfin brillaient de gouttes rondes comme du verre qui se détachaient d'elles en pluie avec un bruit de pendeloques » (*Vendanges*). On ne sait plus si c'est écrit avec un pinceau et une palette ou si c'est peint avec un encrier et des mots. C'est le moment de relire Ramuz passionnément, pour la persévérance des printemps, pour la danse de toutes les renaissances, pour la ferveur des sèves, pour les fastes des vendanges, pour le dialogue de la terre et du ciel. C'est le moment de convoquer avec lui l'enfance et les premiers vagabondages du désir, l'enfance au cœur des vignes qui se mirent pour jamais dans le lac de Genève avec tous leurs beaux atours d'automne.

À la fois vu et rêvé, parfois impressionniste, parfois expressionniste, à la fois réaliste et immanent, ce paysage de vignes est là, au-dedans et au-dehors de moi, et c'est bon qu'il soit là, témoin de la beauté du monde et de la volonté de quelques hommes d'ajouter de la beauté au monde. Œuvre d'art doucement révélée sous le regard qui s'attarde, tour à tour tableau, dessin à la pointe sèche, sculpture, voire palimpseste sur lequel s'est écrite, en couches successives, l'histoire du vignoble, avec ses âges d'or, ses abandons, ses anciennes méthodes culturales, *foules* désordonnées et *provignages* réitérés dont le sol a gardé les vestiges. Œuvre d'art, œuvre d'homme – je songe au mot de Cézanne : « L'homme absent mais tout entier dans le paysage. »

Dans le tournoiement des saisons, dans la farandole des feuillages, la vigne semble attendre, l'air de rien, le peintre sensible qui viendra y fouler ses couleurs et y poser son chevalet pour fixer la magie de l'heure et du lieu, pour figurer et transfigurer le paysage. Alors, ce sera une aquarelle de Dunoyer de Segonzac, aux couleurs terreuses, aux lignes simples et fortes, où la vigne provençale côtoie l'olivier, dans un grand silence d'hiver. Ou bien ce sera une aquarelle de Turner où l'on vendange sur le coteau de Beaugency, dans une brume dansante et dorée qui monte de la Loire, donnant au tableau quelque chose d'irréel. Ou encore une huile de Daubigny où les amples ondulations du vignoble bourguignon baignent dans une lumière sourde, habitée, une lumière d'outre-ciel qui nimbe légèrement les silhouettes sur le devant de la scène. Ou cette vigne désinvolte, malicieuse et gaie que Dufy fait éclore sur son papier Canson, entre réel et imaginaire, à traits vifs et tendres couleurs : tout est vie dans cette petite aquarelle fluide qui saisit, à la pointe du pinceau, une scène de vendanges en Roussillon.

Et cette fête des yeux, cette féria de lignes et de couleurs, que sont les *Vignes et Oliviers* de Miró, du côté de Tarragone : comment les mettre en mots ? Comment dire l'émotion esthétique ? Tout cela exulte et chante dans l'été catalan : les ocres poudreux des sols, les vignes un peu naïves alignées comme à la parade, sur la toile de fond des oliviers gris-bleu qui se mettent à rêver, partent un peu de guingois et se prennent pour des tapisseries.

La vigne aime que le regard magicien des peintres se pose sur elle avec une ferveur pressante et la pousse aux aveux. Et quand le regard brûlant de Van Gogh se pose sur les vignes arlésiennes, c'est un embrasement et un éblouissement. En septembre, Vincent peint une première *Vigne*, où le vert domine encore : « Les vignes que je viens de peindre sont vertes, pourpre, jaunes, à grappes violettes, à sarments noirs et orangés. À l'horizon, quelques saules gris bleu et le pressoir bien, bien loin, à toit rouge et silhouette de ville lilas lointaine. Dans la vigne des figurines de dames à ombrelles rouges et d'autres figurines d'ouvriers vendangeurs avec leur charrette. Un ciel bleu dessus et un avant-plan de sable gris » (*Lettres à son frère Théo*). Mais un peu plus tard, il se promène avec Gauguin du côté de Montmajour et s'arrête, fasciné : « Nous avons vu une vigne rouge, toute rouge comme du vin rouge. Dans le lointain, elle devenait jaune, et puis un ciel vert avec un soleil, des terrains, après la pluie, violets et scintillant jaune par-ci par-là où se reflétait le soleil couchant. » Sans attendre, Vincent se met au travail, et, sur sa toile, les vignes s'empourprent et s'enflamment, ponctuées des robes bleu-mauve des vendangeuses ; le soleil descendant sur l'horizon incendie le fond du tableau et déverse sur le paysage un flot de lumière en fusion. Le feu du ciel et le sang de la terre : de ces noces-là naîtra le vin. C'est le cœur du mystère, et c'est le peintre au regard de voyant qui nous le révèle d'un coup, en nous laissant éblouis, à jamais, devant pareille épiphanie.

Voilà pourquoi, entre autres bonnes raisons, un vignoble ne doit pas se traverser à l'étourdie, à la va-vite, à la hussarde : on n'y verrait rien de ces choses belles dans leur vérité première, on n'y saisirait rien de cet accord discret, immémorial entre l'homme et le monde, on n'y comprendrait rien de la culture née de ces terroirs follement humanisés, on n'y pressentirait rien des arômes du vin issu de ces climats.

Pause. Sois ce promeneur sensible, à la Jean-Jacques, qui s'émerveille du paysage virgilien des vignes du Valais, saisissant toute la poésie de cette nature-culture : « Un mélange étonnant de la nature sauvage et de la nature cultivée montrait partout la main des hommes où l'on eût cru qu'ils n'avaient jamais pénétré : à côté d'une caverne on trouvait des maisons ; on voyait des pampres secs où l'on n'eût cherché que des ronces, des vignes dans des terres éboulées, d'excellents fruits sur des rochers, et des champs dans des précipices » (*La Nouvelle Héloïse*).

Sois ce voyageur poète, à la manière d'Apollinaire, qui embrasse du regard les vignes au bord du Rhin, à la lisière fine du rêve et du réel, du quotidien et du merveilleux, et en saisit l'image la plus onirique qui soit :

> Le Rhin, le Rhin est ivre où les vignes se mirent
> Tout l'or des nuits tombe en tremblant s'y refléter.
>
> (*Nuit rhénane*)

Donc, pause. Fais comme si le temps n'était pas compté. Sache regarder la vigne et tout ce frémissant tissu vert ou pourpre ou doré qui enguirlande les échalas, et tout ce tendre élancement de rameaux flexibles, pliés, ployés, palissés. Sache écouter les oiseaux et le vent qui va qui vient, le vent chargé de grappes et de murmures. La vigne te voit qui la regardes non comme un champ, mais comme un jardin, comme un tableau, comme une page : comme un objet de beauté, par-delà le simple pittoresque ou la pure fonction de production. Alors seulement se dévoile une part du secret, le nombre d'or, le très juste équilibre entre la contrainte et l'effusion, entre la volubilité et la rigueur, entre la ligne et la couleur, entre la feuille et le fruit, entre le mystère des enfouissements et l'essor des forces végétantes. Nombre d'or que connaît le poète :

> Et de la terre sort
> Cette verdure soumise
> Qui par un long effort
> Donne la grappe prise
> Entre nous et les morts. (Rainer Maria Rilke, *Quatrains valaisans*)

Rhétorique du paysage

Aux plus anciens royaumes, la vigne s'enracine. Depuis les plus vieux mythes, la vigne mûrit ses grappes entre le grand soleil et la profonde nuit de la terre, en dessinant pour toujours de beaux pleins et déliés de verdure, en se pliant aux durables désirs des hommes. Au petit point, la vigne obstinément tisse la trame de très vieux paysages, canevas d'une créativité appliquée, exigeante et heureuse.

Pour décrire ces vignobles de tous les âges et de toutes les saisons, de tous les labeurs et de toutes les équités, de tous les reliefs et de tous les horizons, il faut des phrases ondoyantes et précises, il faut une prose qui ouvre un peu les ailes, harmonieuse, prête à s'envoler, une prose qui, loin de figer le paysage, le rende à sa fécondité, à ses promesses, à sa durée. Peut-être la prose de René-Guy Cadou, quand il évoque, dans une lettre, ce décor fluide, musical, de vignes au bord de la Loire, près de Rochefort, « ce paysage de pampres et de prairies de lune, au bord de ces rivières faites pour chanter ».

Ou la prose ourdie d'images, pleine de résonances et de vibrations, de Julien Gracq qui se souvient de Sancerre sur sa colline blasonnée de vignes : « Rien que le cône de la verte colline de vignes, qui change tendrement de couleur vers sa pointe, et porte les toits de tuiles serrés de la ville, pareils aux rosissantes écailles de l'asperge, comme un bourgeon terminal » (*Carnets du grand chemin*).

Ou la prose fertile et lumineuse de Péguy accompagnant les festonnements des treilles de son enfance orléanaise : « Treilles qui êtes des vignes et des espaliers ; treilles tièdes, treilles chaudes ; treilles mûres ; magasins, réservoirs de soleil ; treilles voluptueusement écartelées ; treilles allongées, apparemment paresseuses ; treilles des murs des jardins et des maisons et des villages de cette vallée allongée elle-même, écartelée en espalier » (*De la situation faite au parti intellectuel*).

Ou la prose heureuse, toute traversée d'ombres, de soleils et de mouvements de houle, de Giono nous emmenant dans le vignoble provençal : « À peine si le blé fait ici ou là une mare d'or, toute la terre est recouverte de vert épais… tout est recouvert du vert épais des vignes taché de ce bleu métallique des "bouillies". Le long des chemins, les raies de vignes s'ouvrent comme les tranches d'un éventail découvrant cette terre d'ocre blond sur laquelle les ceps ont pleuré et de laquelle monte la sève chaude et gaillarde… Et, sans fin, les vignes aux vignes s'ajoutent et se rapiècent ; ouvrent et ferment et rouvrent les éventails de leurs raies, couvrent les plaines, entrent dans les vallées, escaladent les collines » (*Arcadie ! Arcadie !*).

Ou la prose charnue de Lawrence Durrell quand il décrit les paysages de vignes dans le Midi, son pays d'élection : « Lorsque juin arrive, toute la vallée est en feuilles couleur prune foncée. Le sol veiné de havane et pareil à de la poussière de brique séchée est désormais caché par le nouveau vert héraldique des vignes, qui crée l'ombre où le fruit doit mûrir » (*L'Esprit des lieux*).

Ou la prose classique et bien tempérée de Georges Duhamel contemplant une vigne champenoise : « C'était une belle petite vigne champenoise, nette, gonflée de suc, soignée comme une chose sainte, divine. Pas d'herbes folles : rien que les ceps trapus et la terre, cette terre opulente que les pluies emportent et que, chaque saison, les paysans remontent, par pleines hottes, sur leur dos, jusqu'au sommet des côtes » (*Civilisation*).

Forcément, des affinités s'esquissent entre le style et le paysage. Paysage où les ceps sont alignés comme sur une page d'écriture, comme dans un poème, en une géométrie particulièrement achevée et consciente d'elle-même, en une syntaxe naturellement observée. Paysage-phrase où c'est d'abord le rythme qui parle. Paysage-page qui se déploie, cep à cep, rang à rang, lé à lé, murette à murette, coteau à coteau, reprenant et amplifiant le même motif, avec des nuances de tons et des délicatesses de lumières, tel le riche vignoble moldave du roman de Cocea, *Le Vin de longue vie*, ce merveilleux chant d'automne tout dédié à la vigne et à l'amour : « La vigne de Maître Manole Arcasch, plantée sur la plus haute crête de la province de Cotnar, descendait dans la vallée jusqu'à la Fontaine aux Serfs : longue, rectangulaire, striée, ponctuée et bariolée de toutes les nuances du vert, comme un couvre-pied de Bessarabie. » Cette longue houle de vignes aux camaïeux subtils n'est pas seulement un décor, elle est puissance tutélaire ; elle abrite des forces anciennes et protège un secret, le souvenir perpétué, vendanges après vendanges, d'une somptueuse histoire d'amour dans le parfum des grappes foulées. J'ai lu ces lignes au goût de raisin, ces phrases foisonnantes et frémissantes conduites comme on conduit les rameaux de la vigne ; je les relis ce soir, dans le mitan d'une nuit d'octobre, et c'est le même enchantement, la même dégustation éblouie d'un style d'une extrême pudeur et d'une extrême ferveur érotique. C'est comme si j'avais entre mes lèvres la douceur profuse d'un vin blanc de Cotnari, philtre arthurien venu du fond des terres et du fond des âges, où l'on puiserait l'amour et le temps retrouvé. L'ai-je bu en rêve, ce vin de Moldavie à la robe absolument dorée, suave, parfumé comme un grain de muscat écrasé sous la langue ? En quelle saison perdue l'ai-je goûté, ce vin au bouquet exubérant rappelant tantôt la pêche et tantôt l'abricot, plus que douce sève d'arrière-saison, née d'un antique cépage dont le nom même fait caresse, *Feteasca Alba* ou *Blanc des Jeunes Filles* ? Il en est des vins comme des paysages : on ne les goûte, on ne les décrit avec une vraie passion esthétique que si on les a d'abord savourés et vus en rêve. Du rêve au regard, du regard au désir, du désir à la mémoire : l'émotion va son beau chemin au cœur de qui a scellé alliance avec la terre et les fruits qu'elle porte.

S'il est un style qui présente des analogies lumineuses, d'exactes correspondances avec un paysage de vignes, c'est bien celui de Jacques Chardonne, né en Charente, et dont l'œuvre prend appui sur cette terre d'enfance, toute dédiée à la production du cognac. Son écriture nette, décantée, tissée fin, nimbée d'une lumière à la fois précise et vaporeuse, a les nuances subtiles et maîtrisées des ciels saintongeais ; sa phrase a les justes cadences et la rigueur ardente qui président à l'ordonnancement des vignes charentaises ; son style a la poésie retenue de cette campagne harmonieuse, mêlant la grâce et la mesure, l'évidence et le secret, l'exigence et la douceur de vivre : « Nous irons en Grande Champagne vers Lignières, Bouteville et Segonzac par des routes capricieuses ; elles flânent d'un village à l'autre avec des détours de leur choix, ou enlacent d'un coude brusque un coteau arrondi qui porte d'un côté son champ de vignes touffues. Tout d'un coup la vue est immense et découvre des crêtes crayeuses doucement infléchies, comme modelées, atténuées par un long travail et, plus loin encore, des ondulations bleues que l'horizon dilue » (*Le Bonheur de Barbezieux*). La prose chardonnienne, racée, épurée, nourrie d'observations pénétrantes et méditatives, a l'accent de cette terre sérieuse et douce qui fut mienne pendant de longues années.

Vignobles de mes souvenances et vignobles de mes lectures, vignobles de mes fantasmes, vignobles de mes enracinements, et tous ceux visités, parcourus, entrevus, dans le sommeil des feuilles bleues, dans les premiers tremblements de brouillard ou dans l'éblouissement du plein soleil : tous requièrent des mots de poètes, des mots choisis, des mots qui racontent les couleurs de la terre, l'odeur de la vendange et les gestes mesurés des vignerons, mais aussi les secrets, les ombres, les silences et les déshérences. Des mots toujours amoureux, parfois voilés d'un rien de mélancolie.

Des mots, des images, des figures : toute une rhétorique en somme, une rhétorique émerveillée et familière que manient le plus naturellement du monde les écrivains dont l'enfance a connu les travaux et les jours de la vigne, les écrivains pour qui la vigne est le parler natal du cœur, tel Maurice Genevoix qui a gardé si vive souvenance de la vigne de Châteauneuf, ourlant la Loire en amont d'Orléans : « Il me semble retrouver la Vigne, notre vigne à jamais disparue, sentir éclater sous mes dents les grains juteux des grappes mûres, entendre fuser et ronfler, roses ou bleues, les ailes des criquets d'automne ; et encore, sautant d'un bond sur le plancher de la carriole, enfoncer à pleins bras le pilon déjà rougi dans l'épaisseur de la vendange, respirer, fraîches encore et pourtant capiteuses, la chaleur et l'odeur des fermentations prochaines. La Vigne ! Mot magique de la lointaine enfance, sésame du royaume familier [...]. Mot Protée, capricieux et changeant, tantôt allègre et lumineux comme les fleurs des acacias, comme le chant aérien des alouettes, tantôt chargé de secrets informes, orageux et menaçants » (*Vins des pays de Loire*).

Bernard Clavel évoque avec la même tendresse nostalgique le pays d'enfance, le Revermont jurassien et les parois blanches des reculées, « avec le vignoble doré des automnes aux vendanges bariolées et sonores, avec les caves où l'hiver pousse le vigneron, avec les grands alambics d'où montent ces brouillards tièdes qui suffisent à vous saouler » (*Terres de Mémoire*).

Quant au Bourguignon Henri Vincenot, il raconte comme personne l'humble vignoble paysan des arrière-côtes : « C'était, au-dessus de chaque village, dans ces éboulis juste au-dessous des roches, une étroite zone puissamment civilisée, grattée au peigne fin, où de petites maisonnettes bancales dormaient parmi les ceps alignés au cordeau, pour se réveiller et ouvrir l'œil unique de leur lucarne la veille de ces fameuses vendanges, vendangettes plutôt, qui vous mettaient en fièvre la maisonnée » (*Hommes et terres de Bourgogne*).

Et c'est parce qu'il est né dans le Médoc, dans ce domaine tant aimé de Peyrelebade, c'est parce qu'il y a passé son enfance rêveuse entre les vignes, la lande et l'estuaire, c'est parce qu'il y a pris le goût des nuages, de la solitude et de la liberté, que le peintre Odilon Redon sait dire l'essence même de cette contrée viticole à nulle autre pareille : « Sur la lisière de cette lande, longeant le beau fleuve, s'allonge, étroit et resserré de vignes, le Médoc, avec ses résidences nettes, ses chemins étroits, son luxe de culture traditionnelle, où la terre est comme souveraine de tous les hommes riches ou infortunés. Le vin, qui la fit autrefois célèbre, domine tous les espoirs des habitants qui lui sacrifient tout de leurs ressources ou de leur labeur. Domination mystérieuse » (*À soi-même*).

Et comment oublier les mots ardents, frémissants de compassion, de François Mauriac quand il contemple ses vignes depuis la terrasse de Malagar ? « Vers l'ouest s'étend la vigne, dans le sommeil de la sieste ou dans l'approche du crépuscule ; la vigne, pour moi vivante, heureuse, souffrante. » Souffrante ? Eh oui, chez Mauriac même la vigne est marquée du sceau du tragique, comme menacée par des forces obscures : « À peine la vigne a-t-elle passé fleur, la future récolte couvre le coteau ; mais il semble qu'elle soit là comme ces jeunes bêtes que le chasseur attache et abandonne dans les ténèbres pour attirer les fauves : des nuées grondantes tournent autour des vignes offertes » (*Le Nœud de vipères*). Nul n'a dit avec plus de passion les mystères douloureux de la vigne, les tempêtes latentes guettant l'opulent vignoble, les ceps lapidés par la grêle. Et pourtant rien, vraiment rien de tragique dans ce havre de collines aux allures toscanes, où s'enracinent paisiblement les vignes de « premières côtes », qui vont en pente douce à la Garonne, en un admirable déploiement d'horizon. Rien de douloureux dans ces vins de Malagar, dorés et soyeux, qu'une lumineuse arrière-saison rend plus suaves, avec un nez de miel et de fleurs d'acacia – des vins pour la tendresse des soirs d'été sous la charmille, et non pour les étouffants huis-clos mauriaciens. Mais seul le verbe inspiré et poétique de l'écrivain bordelais pouvait nous rappeler, avec une telle vigueur, que le vin procède, aussi, des nécessaires souffrances de la vigne et que, sous la surface ensoleillée, rôdent des forces térébrantes, palpitantes et cachées.

Douces et rudes sont les vignes de Cesare Pavese, sur les collines natales des Langhe, où les hommes ont travaillé durement pour faire naître d'une terre avare et sauvage des vins rouges somptueux au nez de violette et de truffe, le barolo et le barbaresco. Ces hautes collines du Piémont, aux traditions séculaires, sont, pour le poète, l'espace du cœur :

Je vois seulement des collines et pour moi, proches ou lointaines,
elles remplissent ciel et terre de leurs flancs fermement dessinés.
Mais les miennes sont âpres et striées de vignobles
qui poussent avec peine sur un sol calciné [...]
Si demain, de bonne heure, nous nous mettons en marche
pour rejoindre ces collines, peut-être pourrons-nous
rencontrer dans les vignes
une fille au teint sombre, hâlée par le soleil,
et l'ayant abordée, manger de son raisin. (*Travailler fatigue*)

D'une beauté altière, peu complaisantes pour l'homme qui s'y échine sous la cruelle clarté du soleil, et pourtant rassurantes, encerclantes, maternelles, les collines de vignes composent pour jamais le pays de l'enfance perdue et des attachements ancestraux. La vigne est ainsi l'une des figures récurrentes, puissamment expressives, de cette œuvre poétique singulière, mélange de feu et de glace, de présence et d'absence, de crispation et de sérénité :

Mes terres de vignobles, de prunelliers, de châtaigniers
où poussent les fruits que j'ai toujours mangés,
mes belles collines. (*Les Institutrices*)

C'est tout un art que de bien dire la vigne telle qu'en elle-même, tout un art que d'agencer des mots doux ou rocailleux, de filer des métaphores de plein air, de plein vent et de pleine terre, de choisir les couleurs et les inflexions, d'inventer des images toutes neuves, feuillues, séveuses, fécondes, comme celles que trouve Joseph Delteil pour chanter les rondes collines du Limouxin et leurs promesses de vendanges :

Ces vignes comme des bibles pleines d'Ève et de Noé,
Avec en mai-juin leurs beaux nuages de sulfate de cuivre,
Et ces raisins aux riches formes avec leur comptabilité de grains.
(*Ode à Limoux*)

Le style, c'est cela, cette plénitude juste, cet ordonnancement heureux d'une écriture et d'un paysage, un paysage qui fait rêver et qui vient rêver en moi par la grâce des mots. Le style, c'est la part de l'homme dans le paysage. Il y a, dans un vignoble, une harmonie singulière qui éclaire un style – ce que Péguy dit exactement lorsque, fier de ses racines vigneronnes, il formule ce vœu exigeant et modeste : « Puissé-je écrire comme ils [ses aïeux vignerons] accolaient la vigne » (*Victor-Marie, comte Hugo*). Sans style, pas d'écrivain ; sans style, pas de vin.

Du sublime

Bacchus amat colles, ai-je appris en lisant les poètes latins. Autrement dit, la vigne se plaît au penchant des collines. Et c'est vrai que la vigne habille bien les collines, avec des jeux de courbes et de soleil, avec des murmures de feuilles et d'oiseaux, collines douces flottant dans le parfum de la fleur de vigne ou dans l'odeur bourdonnante des grappes mûres, bleuissant dans l'air du soir, composant un paysage harmonieux, mélodieux, de ceux qui évoquent la constance des hommes et la tranquillité des heures, et d'où l'on ne sait plus partir.

Il est bien qu'un paysage de vignes ait de belles rondeurs paysannes, dont la vue mène l'esprit à d'heureux concepts et de délicieux vagabondages. Les collines toscanes sont peut-être, de cette idéale géographie viticole, la représentation la plus aboutie : aimées de la vigne et de l'olivier, galbées juste comme il faut, nimbées d'une lumière de soie, ponctuées de cyprès et de pins parasols, se bousculant un peu de l'épaule, les unes mollement infléchies, d'autres d'une robuste douceur, d'autres plus ardues et couronnées de bois sombres. Toutes sont havres de calme et de beauté – de ces lieux qui maintiennent l'âme un peu au-dessus d'elle-même. Berceau de ces vins étrusques si renommés dans l'Antiquité, (dont Martial dit, dans ses *Épigrammes*, Livre XIII, qu'ils rivalisent avec ceux de Tarragone, dans son Espagne natale), ce décor de tendres collines drapées de vignes voit s'éclore le « miracle toscan », la Renaissance dans sa plus fine fleur. Et c'est sur elles, sur ces claires collines de Sienne, avec leurs moutonnements un peu désordonnés, avec toute leur géométrie de vignobles, de haies et de chemins poudreux, qu'Ambrogio Lorenzetti, au cœur du *Trecento*, pose son regard de peintre, en en saisissant, pour la première fois, la qualité proprement esthétique. Et il les fait entrer, telles qu'en elles-mêmes, avec leurs rangées de ceps et leurs paysans au travail, dans ses fresques du Palazzo publico de Sienne : ce paisible paysage viticole annonce une nouvelle manière de traiter l'espace et préfigure l'art de la Renaissance.

C'est donc dans les collines joliment déclives, espaces d'équilibre et de modération (*aurea mediocritas*, dit l'homme de la Renaissance), que la vigne a pris ses habitudes, depuis le lointain des jours ; et le peintre de paysages aime à peindre les collines avec leur agencement de vignes, qui enchantent le regard et pacifient l'âme, tout simplement : elles sont des possibilités de bonheur – et la marque d'un « bon gouvernement », pour le dire comme Ambrogio Lorenzetti.

Mais il arrive que l'homme, passant outre toute mesure et toute modestie, soit saisi de tentations prométhéennes et veuille planter la vigne dans des paysages puissants, tourmentés, telluriques, en des reliefs hautains, à l'aplomb d'une gorge, en encorbellement d'un à-pic vertigineux. Ainsi peut-on voir, en quelques lieux du monde, des vignobles grimpant à l'assaut d'une montagne dans la haute et vive fougue du vent, épousant le contour des rochers, s'accrochant aux falaises et défiant le ciel. Obstination paysanne ? Ardeur à cultiver, coûte que coûte, de quoi étancher les soifs quotidiennes ? Espoir d'une provende à tirer ? Volonté de puissance ? En tout cas, c'est le courage et l'invention folle de ces vignerons attachés à faire fructifier, dans des conditions difficiles, les arpents les plus inaccessibles, qu'il convient d'abord de saluer, à la manière d'Henri Pourrat : « Dans les hautes terres où l'Allier et la Loire, tournant et retournant, se sont frayé passage, en creusant les gorges comme à la gouge, les côtes qui regardent le soleil, au-dessus du courant, sont fort propres à la culture de la vigne. Mais c'est à condition qu'on les mette tout en terrasses. Il a fallu que les hommes de par là fussent des bourreaux de travail pour aménager de la sorte les parois des vallées et les flancs des montagnes. Partout ils ont bâti et terrassé. Sur toute épaule de roche, sur tout ressaut de la pente, en toute place d'un pas de large, ils ont établi une esplanade, ne pût-elle porter qu'une demi-douzaine de ceps. Malgré les nuits de glace où la lune resplendissante brûle le bourgeon, malgré la grondante grêle qui de ses cailloux blancs hache en un moment l'espoir de l'année, ils n'ont jamais cessé de croire en leur labeur » (*L'Homme à la bêche*).

Oui, il a fallu beaucoup de travail et d'invention pour faire mûrir les grappes sur des monts sourcilleux et abrupts, et pour composer des paysages d'une beauté étonnante, ineffable mélange de simplicité et de noblesse, de terrible labeur et de magnificence. Paysages à couper le souffle, qui enthousiasment et commandent le respect, à la fois par la grandeur du décor et par la performance humaine qu'ils impliquent : nous voilà bien loin de Virgile et de la partition tempérée des collines, et bien près de Kant et du *sublime* – car il faut convoquer le *sublime*, forcément, pour peindre ces vignobles du vertige dont la beauté s'impose avec une évidence absolue.

Déjà au IVe siècle, Ausone le Bordelais admirait le vignoble planté sur les côtes escarpées dominant la Moselle aux environs de Trèves, l'un des paysages viticoles les plus impressionnants qui soient : « Que les dons de Bacchus attirent nos regards errants sur la longue chaîne de ces crêtes escarpées, sur ces rochers, ces versants au soleil, avec leurs détours et leurs renfoncements, amphithéâtre naturel où s'élève la vigne » (*La Moselle*).

Au VIIe siècle, alors que l'empire romain s'est effondré, le vignoble de Trèves continue de croître et fructifier ; il offre un vivant spectacle dont s'enchante Venance Fortunat qui descend la Moselle en bateau : « Nous voyons de toutes parts des montagnes aux crêtes menaçantes, des pics qui percent les nues, des chaînes de rochers aux sommets abrupts et hérissés d'éminences qui percent les astres. Ces masses de pierre dure ne sont cependant pas dépourvues de fertilité ; il y naît et il en coule du vin. Les vignes sont plantées en échelons réguliers et pressés et les poteaux peints, qui en indiquent les divisions, montent jusqu'au sommet de la montagne. La culture sur ces roches affreuses est admirable. La pâleur de la pierre y fait ressortir la couleur dorée de la vigne : un raisin doux comme le miel croît sur ces âpres silex ; sa fertilité s'accompagne de leur stérilité. Partout où il y a des vignes sur la montagne pelée, elles couvrent la pierre nue de leur ombre et de leur verdure. Pour en cueillir les grappes colorées et pendantes, le vendangeur se suspend lui-même au rocher » (*Poème sur la Moselle*).

Aujourd'hui, comme aux temps d'Ausone et de Fortunat, la région mosellane offre des panoramas prodigieux. Les ceps s'enracinent sur des terrasses étroites, sur une pente quasi verticale, dangereuse, compliquant la tache des vignerons. Sur ces terrains difficiles naissent les rieslings les plus légers, les plus subtils, d'une élégance et d'une complexité rares – et parfois d'inoubliables vins de glace aux arômes de miel, de rose et de coing... Vous êtes alors en pleine féerie, et vous vous dites, en découvrant la quintessence inouïe d'un Eiswein Scharzhofberger, que, décidément, « il n'y a guère que le sublime qui puisse nous aider dans l'ordinaire de la vie » (Alain).

Parlons donc un peu de sublime : cela fouette l'entendement et l'imagination, outrepasse l'ordonnance établie, emporte l'adhésion, met en jeu l'idée de l'infini et de l'éternité. Mais c'est un art difficile que de peindre le sublime avec sa charge d'émotions spécifiques, sans verser dans l'emphase ou la grandiloquence. Il y faut un ton, un souffle rythmique d'authentique poésie, la révérence devant la toute puissance de la nature et la reconnaissance admirative d'une des plus belles industries humaines : le travail de la terre et plus particulièrement le travail de la vigne.

Il faut, par exemple, l'écriture singulière, tout à la fois paysanne et poétique, simple et grandiose de Ramuz pour fixer à jamais ce paysage unique des vignes de Lavaux, entre Lausanne et Vevey, accrochées en myriades de terrasses au versant abrupt qui dégringole vers le lac. Les parcelles minuscules et biscornues (on les appelle « parchets ») suivent les affleurements du roc sur lequel l'infime couche de terre est retenue par d'innombrables murets aux tracés compliqués – autant dire que le labeur vigneron est ici harassant et tient du sacerdoce. « Dans les vignes au-dessus de moi ils sont occupés à cueillir ; ils pendent au-dessus de moi parmi les murs, ils pendent à mi-hauteur des escaliers avec leurs hottes. Quand elles sont pleines, le poids est grand ; ils penchent sous ce poids et pendent sous ce poids en pleine hauteur du ciel, le mont debout dedans ; et eux pendus au mont, et moi au-dessous d'eux. [...] Une grandeur s'exprime devant moi : si seulement je pouvais l'exprimer. Aujourd'hui qu'on fait la vendange et tout le mont bouge de gens occupés à cueillir, à entasser et à fouler, c'est-à-dire récolter, c'est-à-dire se payer de leur travail et de leurs peines, c'est-à-dire se résumer dans le vin qui les contient » (*Chant de notre Rhône*).

Il fallait cette manière quasi incantatoire, ce style qui violente la syntaxe, pour imposer l'image d'un vignoble montant à l'assaut du ciel, d'un paysage façonné depuis plus de mille ans et dont l'équilibre semble toujours au bord de la rupture. Il y a quelque chose d'apologétique dans ce prestigieux panorama vaudois si cher à Ramuz : il donne une leçon de beauté, de foi en l'homme et de dépassement. « Le bon Dieu a fait la pente, mais nous on a fait qu'elle serve. »

C'est là une possible définition du sublime, quand, à la grandeur du décor, à l'extraordinaire de la géographie, s'ajoute une épopée humaine, et quand, sur un panorama prodigieux, se lit la chronique de travaux herculéens. Ainsi la haute vallée du Douro, terre nourricière des grands portos, altière et farouche, défiant le ciel et les vignerons, offre-t-elle un spectacle à couper le souffle, avec, tout au fond, le fleuve tordu en mille boucles, et, à perte de vue, la vigne plantée sur des talus ou *patamares* et sur des terrasses aux complexes imbrications, parsemée d'oliviers et d'amandiers, de minuscules villages aux maisons ornées de treilles, et de *quintas* rouges et blanches environnées de cyprès. Terre ardue et envoûtante, bastion de schiste tanné de soleil en été, usé de gel, de vent et de brouillard glacé en hiver, Douro de ceps et de rocs que nous donne à voir et à rêver Miguel Torga : « Sur les rives d'un fleuve d'or, crucifié entre la chaleur du ciel qui le boit par le haut et la soif de son lit qui par le bas l'assèche, s'élèvent les flancs du miracle. Sur des gradins escarpés, terrasses qui ne sont d'aucun palais, les ceps poussent comme le basilic sur les balcons. En septembre, les hommes quittent les aires des Terres Froides et descendent, en troupes, le grand escalier de schiste du vignoble. Ils chantent, dansent et travaillent. Puis remontent. Et bientôt on a du soleil en bouteille pour enivrer les quatre coins du monde » (*Portugal*).

Nul n'a dit, avec plus de force et de poésie, avec un attachement plus passionné, l'ouvrage prométhéen des vignerons de ce pays : « Être sur ce sol aride et hostile un nouveau créateur de vie, donner ici une réponse quotidienne à la mort, transformer chaque flanc en un parapet d'espérance et chaque goutte de sueur en une goutte de douceur – voilà ce qu'un Titan a enseigné aux hommes, et que Zeus ne leur a point pardonné. »

On l'aura compris, j'aime les lieux dont la vigne est la mémoire et l'horizon, et plus particulièrement ceux dont la vigne est l'orgueil farouche et l'éternelle cause. J'ai pas mal vagabondé parmi des vignobles témoignant de l'aventure tumultueuse entre une nature sublime et des hommes courageux et fiers ; et je me souviens de la découverte éblouie de certains paysages miraculeux inscrits entre le ciel et l'eau, entre des grottes marines battues par la houle et des sommets battus par le vent, je me souviens des Cinque Terre, minuscule royaume, tout au bout de la Ligurie, où l'Apennin serre la côte au plus près, multipliant les lignes de crête, les falaises, les promontoires et les pitons rocheux, dévalant furieusement vers la mer, avec toutes ses pierrailles, ses taillis de chênes verts et ses odeurs de garrigues. J'étudiais alors, toute à mes chers Étrusques ; je rêvais des jardins de Tarquinia pleins de grenadiers et d'arbustes aux grandes clochettes bleues, où sont les danseurs à pas légers, en manteaux de laine milésienne aux vives couleurs ; je lisais Pline qui me confiait combien les Étrusques adoraient le muscat si sucré, *uva apiana* ou vigne aux abeilles (« *Etruria nulla magis vite gaudet* », XV, 24) ; j'apprenais qu'ils en préparaient un vin doux qui monte à la tête, celui-là même dont s'emplissaient les coupes des jeunes banqueteurs couronnés de myrte, dans la tombe des Léopards ; j'aimais ce peuple qui, par la grâce de ses fresques, avait fait entrer dans ses maisons des morts le grand soleil et le chant des cigales, les arlequins et les joueurs de flûte, les pêcheurs et les cuisiniers, la mer vineuse où bondissent les dauphins verts.

Donc j'étais à Rome, j'étudiais ardemment, prête aussi à saisir la moindre occasion de passer aux travaux pratiques. Et c'est ainsi qu'un beau jour, je me retrouvais là, dans la lumière des dieux, à gravir, au milieu des vignes, des oliveraies et des petits potagers, les pentes escarpées que les hommes, depuis le Moyen Âge, ont patiemment apprivoisées, qu'ils ont amoureusement ceinturées de murets de pierre sèche épousant les courbes, les dénivelés et les promontoires, qu'ils ont obstinément entretenues avec un souci rare de l'harmonie et de la durée. Vertige doux du haut de cette montagne qui plonge dans les flots, et dont les précipices ont pris, au fil des siècles, des allures de jardins avec leurs terrasses plantées de ceps bien alignés. Je suis redescendue, le soleil aux yeux, face à la mer aux écailles d'argent, puis je me suis attablée dans l'un de ces cinq villages accrochés à la falaise – était-ce Corniglia ou Vernazza ? – avec leurs maisons crépies de rose, d'ocre, de vert ou de rouge, serrées les unes contre les autres comme grains de grenade. J'ai gouté le blanc de Cinque Terre, sec, vif et frais, fouettant un peu les papilles ; l'albarola, le bosco et le vermentino lui donnaient un petit goût de garrigue, fait pour accompagner les rougets habillés de cuivre rose, juste grillés à l'huile d'olive ; et c'était tout le paysage dans mon verre et dans mon assiette. La Méditerranée reflétait comme jamais le sourire des dieux, avec des barques de pêcheurs, des gamins qui s'amusaient à plonger d'un rocher, et des dauphins vert-bleu, comme à Tarquinia, aux murs de la tombe de la Chasse et de la Pêche. C'était *la mer aux entrailles de raisin*, comme dans le grand poème de Claudel, « L'esprit et l'eau ». Un bonheur fait de plénitude lumineuse, de vent marin et d'antique culture, imprégnait les choses et les êtres.

Parfois, en certains hauts-lieux de la vigne, l'expérience du sublime prend un tour plus dramatique, une coloration presque tragique, quand le paysage suggère la violence géologique, le dynamisme chaotique de la nature, la rigueur du climat, la véhémence des météores, ou quelque incongruité lithologique. Cela exalte l'imagination, maintient l'esprit en éveil avec un petit fond d'angoisse : cela relève du sublime de puissance, pour se référer aux catégories kantiennes. Ou, pour faire plus simple, cela ressemble aux Abymes de Myans et d'Apremont, vignobles savoyards dont le nom même évoque d'extraordinaires accidents du relief. Car ces vignobles sont liés au gigantesque effondrement du flanc nord du mont Granier, qui, une nuit apocalyptique de novembre 1248, s'écroula engloutissant villages et hameaux. De cette terrible catastrophe, le paysage, hanté de fantômes et de légendes, porte la marque : chaos de blocs calcaires, éboulis, petits lacs aux eaux secrètes, dominés par le mont Granier, vertigineuse forteresse naturelle au versant balafré, que décrit le Savoyard Henry Bordeaux dans *Le Lac noir* : « semblable à quelque prodigieux lion couché qui relève la tête, un lion d'une carrure de six mille pieds. Sa crinière est faite d'une forêt de sapins noirs qui s'arrête à l'encolure, car le visage dégagé est une muraille perpendiculaire de sept à huit cents mètres. »

C'est là, à son pied, que les sorciers ourdissaient leurs enchantements et leurs sortilèges, et c'est là, dans ce tohu-bohu tectonique, que la vigne a farouchement fait son lit. « Dante, sans doute, a rêvé ce paysage, dans l'automne tourmenté. Sur les parois la neige déjà s'accroche. De la montagne effondrée semble jaillir un grand vent qui grince et tourbillonne. Les Abymes exigent de l'homme un langage plus âpre, une pensée plus rugueuse. On dirait que la mort veille entre les pans d'immenses roches éboulées. On dirait que la mort veille sur le plateau déprimé que les ceps racornis, privés de leur dernière lueur rousse, habitent obstinément dans l'effroi du prochain hiver. » Voilà, saisi dans son essence, le paysage à l'eau-forte des Abymes de Myans gravé par Jean-Claude Pirotte dans *Les Contes bleus du vin*. Pour se remettre de ces émotions esthétiques et de ces considérations géomorphologiques, un verre de jacquère dans la fougue de sa jeunesse est recommandé, vin du cru, cristallin, conservant un léger perlant, avec de très fins arômes de fleurs d'alpage et de pierre à fusil – dont Henry Bordeaux disait drôlement : « C'est le vin qui vous laisse la tête libre après vous avoir fauché les jambes. »

Esthétique du volcan

Des précipices, des abîmes, des chaos, des éboulis, et pourquoi pas des volcans ? Pourquoi pas des vignobles jouxtant les brasiers, des terroirs viticoles marqués par les soubresauts des entrailles terrestres, nés d'anciennes folies volcaniques, composés de scories, de cendres et de roches ignées ? Cela se fait, et cela donne des paysages étonnants, parfois hallucinants.

Ainsi, depuis les hautes époques, la vigne est vésuvienne, fille du feu, familière des humeurs du volcan qui ne sommeille que d'un œil – fumerolles, explosions, nuées ardentes, jets de cendres et de pierres ponces. Les Grecs puis les Romains, qui avaient vite compris l'extraordinaire fertilité de ces sols, ont couvert d'un riche manteau de vignes les flancs du Vésuve et les monts environnants, modelant ces parages hostiles et infernaux en paysages opulents et heureux, par-dessus la baie tremblante de lumière. La fresque du Vésuve, de la Maison du Centenaire à Pompéi, est une merveilleuse représentation de cette terre bénie de Baccchus : le Vésuve, alors vu par les Pompéiens comme une puissance tutélaire et non comme une menace, y apparaît verdoyant, couvert de vignes bien ordonnées, soutenues par des perches, à côté d'un Bacchus vêtu de raisins avec sa panthère à ses pieds. Et puis il y eut, en 79 après J.-C., l'éruption que l'on sait, transformant les riches vignobles en champs de désolation. Martial se souvient, quelques années après :

> Voici le mont Vesbius, hier encore verdoyant et ombragé de pampres :
> Ici un noble cru avait plus d'une fois fait déborder nos cuves de ses flots.
> Voici les hauteurs que Bacchus aimait plus que les collines de Nysa,
> Sur cette montagne, le chœur des Satyres déroulait naguère ses danses. [...]
> Tout a sombré dans les flammes : une lugubre cendre couvre le sol. (*Épigrammes*, IV, 44)

Fascinés par le volcan, comme aimantés par son énergie dévastatrice et féconde, les hommes ont replanté, avec entêtement, recréant là un vignoble produisant le fameux lacryma-christi, alors que le Vésuve, sous ses allures de vieux lion assoupi, continuait à gronder sourdement et à cracher, par caprice, des laves et des cailloux, calcinant de-ci de-là des rangées de ceps ou des parcelles entières. D'illustres voyageurs ont peint ces paysages de vignes hors de l'ordinaire, tantôt luxuriants tantôt désolés, tel le président de Brosses, en 1739, dans ses savoureuses *Lettres d'Italie* : « Nous montâmes, pendant un long espace de temps, cette riche et fertile montagne à travers les beaux vignobles qui portent le lacryma-christi et autres vins les meilleurs de l'Italie, sans contestation. Il est aisé de juger de l'abondance et du goût des fruits que produit un terrain si capable d'exalter la sève. Il est vrai que dans quelques endroits nous vîmes l'économie des bourgeons un peu dérangée par les torrents de fer rouge qui ont coulé d'en haut ; mais, malgré les ruines irréparables que causent les accidents et le danger de s'y voir exposé sans cesse, je comprends fort bien comment les gens du pays ne peuvent se détacher d'habiter ni de cultiver un canton de la terre si riche, si agréable et si abondant. » L'ascension se poursuit « à travers de mauvaises ravines embarrassées de gros quartiers de rochers ferrugineux et d'un cimetière de vignobles ravagés dont on ne voit plus que les squelettes par-ci par-là. C'est ici que commence l'abomination de la désolation. » Quel délice de partir en grandes vacances avec ce prodigieux compagnon de voyage, plein de gaîté, libertin, gourmand et amateur de bons vins !

Avec Chateaubriand (1804), c'est moins drôle : « Je commence à monter par un chemin assez large, entre deux champs de vignes, appuyées sur des peupliers. [...] De pauvres habitations de vignerons se montrent à droite et à gauche, au milieu des riches ceps du lacryma-christi. Au reste, partout une terre brûlée, des vignes dépouillées entremêlées de pins en forme de parasol, quelques aloès dans les haies, d'innombrables pierres roulantes, pas un oiseau. »

Avec le *Guide Baedeker* (1896), c'est pratique et économe : « Les vignes luxuriantes où l'on passe produisent le fameux vin muscat vendu sous le nom de lacryma-christi. Les paysans vous en offrent à leurs portes ; on fera bien de n'en accepter qu'au retour (1 fr.) Il faut payer en petite monnaie parce que ces gens refusent ordinairement de rendre sur des grosses pièces. »

Avec Berlioz, c'est exalté, grandiose, en un mot *fantastique* : « Oui, oui. Voilà le monde qui me convient : un volcan, des rochers, de riches dépouilles amoncelées dans les cavernes, un concert de cris d'horreur accompagné de pistolets et de carabines, du sang, du lacryma-christi, un lit de lave bercé par des tremblements de terre : allons donc, voilà la vie ! » (lettre à Humbert Ferrand, 1831).

Avec Musset, c'est érotique et vaguement désenchanté. Voici Octave en tête-à-tête avec une bouteille de lacryma-christi, noyant sa solitude dans « l'esprit généreux et poétique de ce flacon doré, ces sucs merveilleux que la lave du Vésuve a cuvés sous son ardent soleil », et divaguant un peu sur cette trop tentante bouteille : « Elle sait qu'elle est bonne à boire et qu'elle est faite pour être bue [...]. Dieu l'a suspendue en grappes dorées au bord de nos chemins ; elle y fait son métier des courtisanes ; elle y effleure la main du passant ; elle y étale aux rayons du soleil sa gorge rebondie, et toute une cour d'abeilles et de frelons murmure autour d'elle matin et soir. Le voyageur dévoré de soif peut se coucher sous ses rameaux verts » (*Les Caprices de Marianne,* I, 1).

Que n'ai-je ce soir dans mon verre quelques gouttes de ce vin vésuvien, habillé d'or pâle, autrefois si recherché (il a aujourd'hui du mal à retrouver sa splendeur passée), né d'une petite affaire entre le diable et le Bon Dieu, comme le racontent les Napolitains : lorsque Lucifer fut chassé du ciel, il tomba sur la terre en plein dans la Campanie et le choc creusa la baie de Naples. Le Christ, attristé de voir ce si beau pays dévolu au démon, versa une larme qui chut sur le Vésuve, donnant naissance au dit vignoble.

Donc, dûment protégé par San Gennaro contre le diable et autres puissances infernales, le vigneron du Vésuve vit dans la familiarité du volcan ; il est même assez fier de cet illustre voisinage, haut lieu historique et force de la nature (n'y a-t-il pas de meilleur moyen d'apprivoiser le danger que de le sublimer en y faisant mûrir la vigne ?). C'est pourquoi il continue à cultiver sa vigne avec une manière de sagesse antique. Le pittoresque, le sublime, le terrifiant et le fascinant, il laisse tout cela au touriste qui voyage dans l'espace ; lui, il voyage dans le temps, il perpétue un héritage ancien, un très vieux modèle de paysage : c'est la *cultura promiscua*, peinte par Virgile, où la vigne est conduite en pergola, entre les arbres fruitiers, tandis qu'en-dessous, dans l'ombre tamisée, poussent les légumes et les herbes odorantes. Le vigneron est un sage qui ne joue pas à se faire peur, qui soigne ses pieds de greco di tufo et de coda di volpe, espère une bonne vendange et ne lit pas les vulcanologues qui écrivent de fortes choses : « Le Vésuve est assoupi, mais son cœur est éveillé [...]. Le Vésuve est un monstre – impérial, terrifiant, magnifique – que ne saurait retenir la ruse ou l'habileté de l'homme » (Alessandro Malladra).

À Lanzarote aussi, les forces telluriques sont sourdement en travail ; le volcanisme y a dessiné des paysages extraordinaires, parcourus de champs et de coulées de lave pétrifiées, de cônes volcaniques ; les sols, fuligineux, sont recouverts de lapilli et de cendres. Et que pousse-t-il sur ce territoire lunaire ? Des palmiers, des cactus, des pommes de terre et... de la vigne. Pourtant, planter ici de la vigne semblait un défi impossible à relever : comment composer avec l'âpreté d'un pays sec comme un coup de trique, aride comme un désert, noir comme du jais, en proie aux vents venus du Sahara, abrasifs comme du papier de verre ? Pas une source, pas un ruisseau, pas une rivière, dans ce pays pur cerné par le grand large, sous un ciel recru d'azur. Le vigneron y a appris qu'on n'a de ressources qu'en soi-même, et qu'à force d'ingéniosité, de travail, d'audace aussi, on pouvait tirer quelque richesse de ce sable volcanique pulvérulent appelé *picon*. Alors, au cœur de l'île, au milieu d'un espace sidéral, il a creusé dans les lapilli de grands entonnoirs qui recueillent la moindre goutte de la si précieuse rosée nocturne ; puis au fond de chaque excavation il a planté un cep, et pour le protéger du vent saharien, il l'a entouré d'un muret de lave ; et il a attendu que, dans tout ce minéral gris anthracite, sous tout ce ciel purement bleu, s'épanouisse le vert très tendre des feuilles de la vigne, comme un miracle. Dans cet environnement à la fois difficile et somptueux, chaque geste a dû être un geste d'intelligence et d'adaptation (il a fallu lutter contre et avec les éléments), chaque geste a dû être un geste d'amour et chaque geste a dû être une création de beauté; cela a donné un paysage viticole unique au monde qui est une œuvre d'art, indiscutablement.

Voilà comment, au milieu des volcans où l'on entend passer le vent des immensités, dans une contrée farouche où l'on ne badine pas avec la beauté, s'épanouissent la sublime douceur du vin de malvoisie et la rondeur élégante du vin de moscatel. Comme si ces régions du monde, où le feu de la terre couve encore sous la cendre, ne pouvaient porter que des vins de la plus extrême suavité.

Le feu et la douceur, la virulence et la caresse, l'austérité et la morbidezza : bien plutôt qu'une figure de style – alliance de mots réussie, bel oxymore, fin paradoxe – c'est une réalité viticole. Les vignes aux fruits les plus doux aiment ces pentes où le feu des premiers jours du monde ne s'est pas encore tu, et les hommes, malgré le danger, cultivent les plus vieux cépages et espèrent une vendange riche en sucres, en des lieux toujours à la merci des explosions et des jaillissements incandescents.

Voyez l'Etna : dans ses entrailles vit Héphaïstos qui y forge les foudres de Zeus, et sur ses flancs Dionysos a planté la première vigne de l'histoire, parce que Dionysos est expert en pédologie et sait que sa fille la Vigne se plaira sur ces cendres volcaniques gorgées de substances minérales. Ce que notait Strabon dans sa *Géographie* : « À chaque éruption de l'Etna, la plaine Catane disparaît tout entière sous une épaisse couche de cendre; mais cette cendre volcanique, qui dans le premier moment gâte et détruit tout, fait avec le temps à la terre un bien infini : il est constant, par exemple, que les vignes et les campagnes de Catane lui doivent leur incomparable richesse, car nulle part ailleurs dans le pays la vigne n'est aussi productive » (Livre VI, 2). Le vignoble, émouvant, têtu et vulnérable, escalade les pentes orientales du volcan, jouant avec le feu, subissant ses colères; et Maupassant, grimpant en haut de l'Etna en 1890, s'étonne de trouver de la vigne dans cette fournaise : « Il est quatre heures de l'après-midi. L'ardent soleil des pays orientaux tombe sur cette terre étrange, la chauffe et la brûle. Autour de nous, maintenant, ce sont des vignes, des vignes plantées dans la lave, les unes jeunes, les autres vieilles » (*La Vie errante*).

Les îles éoliennes crachent le feu à Stromboli, soufflent le soufre à Vulcano (« On dirait des ruisseaux de féerie, de la lumière figée, des coulées de soleil » s'enchante Maupassant), s'habillent de pierres ponces à Lipari, cachent leurs plus jolis secrets à Salina, tranchent les falaises à Panarea… Toutes honorent Bacchus et poursuivent avec bonheur l'antique tradition des vins dorés de malvoisie, en une exquise gradation de douceur, du *naturale* au *passito* et au *liquoroso*. Toutes produisent ces vins de dessert, d'une sensualité tendre, un peu capiteuse ; toutes marient la vigne à la lave, même le sauvage Stromboli qui n'en a jamais fini avec ses feux d'artifice et ses détonations. On peut en déduire que le feu de la terre et les violences telluriques y entretiennent l'ardeur des vignobles.

Il faut que je vous parle de l'île de Santorin, *Kallisté*, la « Très Belle », creuset inépuisable d'admiration et d'étonnement, où l'histoire joue à cache-cache avec des légendes pleines de combats de dieux et de géants, où la vigne s'apparie, comme nulle part ailleurs, au volcan, à la mer homérique, à la violence du vent (le *meltem* de la mer Égée), au parfum salé de l'air, à la marche implacable de la lumière. Sur les pentes abruptes de l'ancien cratère, façonnées en terrasses depuis des temps immémoriaux, les plus vieux cépages des Cyclades, préservés du phylloxéra, poussent dans les pierres ponces, les scories et les cendres, sous un climat aride qui ne transige pas. Alors, pour protéger leurs pieds d'assyrtico des vents de sable et pour recueillir l'humidité de la brise marine, les vignerons d'autrefois ont mis au point une singulière façon de conduire la vigne en corbeille, courbant et entrelaçant les rameaux jusqu'à former un nid au creux duquel mûrissent les grappes, abritées des brûlures du soleil et des morsures du sable. Admirable technique héritée de l'Antiquité, qui a façonné un paysage viticole unique au monde. Le botaniste Joseph Pitton de Tournefort, voyageant dans les îles grecques en 1700, admirait le génie industrieux des paysans santoriniotes qui « ont fait un verger de la plus ingrate terre du monde ». Il remarquait l'omniprésence de « la vigne cultivée comme en Provence, avec les ceps relevés en manière de réchaud, » et qui produisait « un vin violent, plein d'esprits » (*Voyage d'un botaniste*, t. I : *L'Archipel grec*).

De ces vieux labeurs et de ces vieux courages, de ces hauts palabres de soleil, de lave et de vent, de ces nids dont les oiseaux sont des grappes, sur ces pentes scabreuses aux sols maigres où vont les petits pas des ânes, naissent des vins de miel et de fruits, beaux comme l'Odyssée, tantôt vifs et nerveux, tantôt onctueux et suaves. On les goûte en fermant un peu les yeux, en tenant son verre dans la nacelle de ses mains jointes, en retrouvant dans leurs arômes l'âme à la fois douce et farouche de ce pays. Et en faisant un vœu délicat pour que se prolonge le charme de l'instant, à la manière des poètes de l'anthologie grecque : « Hermès qui protèges ce chemin, nous t'offrons cette grappe de beau raisin, le chanteau d'un onctueux gâteau cuit au four, une figue noire bien mûre, une olive savoureuse, des petits fromages ronds, une mesure d'orge, un tas de grenades, une coupe de vin doux » (Phanias, *Couronne de Méléagre*). Une coupe de ce vin doux mûri au flanc du volcan, par-dessus la mer, cette mer que, depuis Homère, les poètes grecs ont tant chantée en l'associant amoureusement à la vigne et au vin : mer couleur de raisin, mer sans vendanges, mer vineuse…

De tours en détours, je reviens à mes paysages familiers, comme on revient boire à ses sources. Je reviens à mes paysages familiers, parce que ce qu'on aime, on n'a jamais fini de le connaître. Je reviens là où la terre se plie en collines et là où la vigne se plie aux collines, parce que la vigne s'accorde, par ses lignes et ses couleurs, à l'architectonie des collines, à la jeunesse éternelle des collines.

J'ai besoin des beaux dessins de la vigne, de la tapisserie d'un vert profond et saturé de ses feuillages au cœur de l'été, du chevauchement continu des ceps qui épousent les vallonnements, des riches aplats de couleurs qu'y pose l'automne. J'ai besoin de ces paysages taillés à ma mesure, je m'y retrouve, je m'y rassemble, j'y fais vendanges d'images et d'émotions, j'y loge mes souvenirs à bien belle enseigne. Et puis la houle retenue des vignes fait un espace d'accalmie – paix du regard, paix de l'âme, envol de la pensée.

Dans tous ces clairs paysages de vignes, signes d'une très ancienne complicité entre l'homme et les choses de la terre, se lit une promesse de bonheur, et s'offre un précieux moment de grâce et de bienveillance, d'accord avec le monde. La vigne, hersant les collines, buvant la lumière de l'été à pleines feuilles, à pleines racines, la vigne des finages bourguignons infiniment façonnés par le bon vouloir humain, marque de son sceau le « pays retrouvé » d'André Frénaud :

> Les rangées des vignes se tiennent sur les versants
> et les nuages se promènent lentement dans l'azur,
> creusant la plaine où les céréales jaunissent.
> Tout est beau qui s'entrouvre aujourd'hui où je passe.
> (*Il n'y a pas de paradis*)

J'aime que la vigne figure au blason natal de ce poète exigeant et secret. J'aime qu'il vienne me dire qu'un paysage de vignes est un lieu d'approche de la beauté.

Les travaux et les jours
Une esthétique et une éthique

La vigne veut des soins sans cesse renaissants ;
De la terre trois fois il faut fendre les flancs,
Sans cesse retrancher les feuilles inutiles,
Sans cesse tourmenter les coteaux indociles.
Le Soleil tous les ans recommence son cours :
Ainsi roulent en cercle et ta peine et les jours.

Virgile (*Deuxième Géorgique*)

Les saisons de la vigne vont leur train, se nouent et se dénouent, si parfaitement accordées aux raisons de la terre, aux couleurs du ciel et aux désirs des hommes, avec le temps des silences et le temps des dormances, et la lumière nouvelle et la sève qui monte, qui fait du bouton la fleur et de la fleur la grappe. Et le vigneron, aujourd'hui tout autant qu'hier, donne les façons qu'il faut à sa vigne, fait entrer sa vie dans le train vivant de sa vigne. Avec son souci, d'abord pratique, de bien composer, de bien tailler, de bien conduire la végétation, de hausser la nature à son meilleur, sait-il qu'il dessine d'une main sûre et patiente un peu de la beauté du monde ?

Sait-il que, répétant des gestes immémoriaux, fidèle à ses devoirs saisonniers, malgré les manigances des météores, les inclémences du ciel et les soucis quotidiens, soumis à la ronde du soleil, au cours et au décours de la lune, il donne une manière de leçon de sagesse ?

Sait-il que, en sculptant la vigne, en magnifiant de maigres sols, en les gorgeant d'humanité, en leur donnant une identité, un style, un langage, en les transformant en terroirs, ses gestes de « paysan du paysage » sollicitent une esthétique et une éthique ?

« Le travail dans les vignes était leur prière. On dégustait en leur compagnie du fromage de brebis avec le vin clair, des fonds d'artichaut avec le vin rouge. Et l'on parlait sans hâte des vieilles choses simples et de leur retour : le temps, la pousse de la vigne, le cours grave et joyeux de l'an. » Ernst Jünger évoque ainsi avec tendresse les *petits vignerons anonymes d'Héliopolis* qui entraient charnellement, par leur labeur, dans le grand poème des saisons et dans la grande patience du monde, et dont l'ouvrage enseignait les vérités primordiales, la durée, la mémoire, l'exigence, le sens du travail bien fait et aussi la joie et la saveur des choses vraies.

Zodiaques et Riches Heures

Le temps de la vigne est le temps de la rondeur des jours et de l'éternel retour des équinoxes et des solstices, le temps cyclique des rituels toujours recommencés, des gestes ancestraux transmis, appris et réitérés – planter, provigner, biner, tailler, relever, accoler, lier avec des brins de « vime » (ainsi disait-on l'osier) ou du « feurre » (lanière de seigle), palisser, pincer, ébourgeonner, épamprer, écimer, trier, cueillir... Les vignerons, les journaliers à façon, les vendangeurs venus parfois de loin, tous marchent avec les saisons, épousent le mouvement de la nature, et patiemment soumettent l'exubérance native de la vigne pour l'avènement futur du vin, ne comptant pas leur peine, aujourd'hui encore comme au temps de Virgile.

Mais ce temps des retours attendus des fleurs, des feuilles et des fruits, ce mouvement circulaire allant et venant entre le jaillissement des sèves et les hibernations, matérialisé par le sablier des saisons, rythmé par les travaux, les célébrations et les coutumes, jalonné de repères et de consignes, ce temps naturel et régulier n'est pourtant pas de tout repos : il est chahuté d'accidents, d'incertitudes, d'aléas météorologiques. C'est pourquoi le vigneron doit avoir un œil exercé et l'intelligence des signes de la terre et du ciel – les lunes rousses et les saints de glace, le chant du pouillot véloce aux premiers jours de mars et le passage des palombes, le vol bas des hirondelles et la forme des nuages, le brouillard et l'arc-en-ciel, la pluie de la Saint-Jean et le soleil de la Bonne-Dame de septembre : « On ne sait jamais dans le vignoble. Tout le temps, d'avril en octobre, ils tiennent la tête levée en l'air. [...] Ils regardent là-haut le temps qu'il va faire. Car il se fait sans eux, le temps, et bien souvent même contre eux, et ils ne peuvent rien y changer, alors ils ont appris à obéir, mais ont appris aussi à être attentifs et à lire les signes qui sont écrits sur cette page vite tournée, à ce ciel qui est comme un livre qui aurait tellement de pages que la même ne se présenterait jamais deux fois. C'est le tout petit mot d'un nuage qui est apparu, s'en va ; la ligne écrite en gris du brouillard traînant à mi-mont ; la coloration d'un coucher de soleil ; quand la lune a une couronne comme une mariée » (Ramuz, *Fête des vignerons*).

Le vigneron sait ce que fait la vigne et comment les saisons s'y font ; il pressent les orages et les grêles, éprouve dans sa chair la sécheresse dont souffre sa terre. Et même si, aujourd'hui, la technologie s'en mêle, la vigne est toujours affaire de regards, de mains et de gestes d'homme, d'intelligence du métier, de finesse d'entendement. Même si, aujourd'hui, le vigneron utilise plus l'ordinateur que les vieux dictons, il a toujours affaire à l'été et à l'hiver, à la ronde du soleil, au passage du vent dans l'air du temps qu'il fait, et à ces grandes choses silencieuses que sont l'éclosion des bourgeons, la maturation des grappes, le voyage des comètes, et à tout ce qui est réglé selon le juste temps des saisons. Il connaît la leçon de la nature, toujours changeante et toujours pareille, il en accompagne les mouvements par ses travaux, il en façonne le terroir, il en magnifie le fruit : il est à la fois maître et servant de la vigne, à la fois seigneur et paysan, à la fois artisan et artiste.

Ainsi se déroule le cycle de la vigne, du grand sommeil de l'hiver à la grande fièvre des vendanges, entre les caprices du ciel et les puissances nourricières du sol ; ainsi vont les travaux et les jours des hommes, décan après décan, au gré des influences des astres et des planètes. Bachelard dit cela avec ses beaux mots d'alchimiste : « Mieux que tout autre végétal, la vigne travaille tout le long de l'année en suivant la marche du soleil à travers tous les signes zodiacaux. Le vin n'oublie jamais, au plus profond des caves, de recommencer cette marche du soleil dans les maisons du ciel [...] D'une manière toute substantielle la vigne prend à la lune, au soleil, à l'étoile, un peu du soufre pur seul capable de bien élémenter tous les feux des vivants. Ainsi un vrai vin appelle le plus sensible des horoscopes » (*La Terre et les rêveries du repos*).

Parce qu'elle s'inscrit, avec toute sa charge de symboles, dans ce temps cyclique des renouveaux et des mortes saisons, parce qu'elle raconte fidèlement les travaux et les jours, l'ordre naturel des choses, et parce qu'elle donne une leçon d'effort et d'espérance, la vigne illustre nos plus vieux calendriers, enlumine les plus belles pages des *Très Riches Heures*, figure sur l'antique motif païen du zodiaque repris par les sculpteurs romans, pour mettre en images le temps du ciel et le temps de la terre, le temps humain qui s'enfuit irrémédiablement avec ses joies et ses peines et le temps eschatologique des fins dernières et des résurrections.

L'ai-je souvent lue cette leçon millénaire, familière et rassurante, aux façades des églises romanes saintongeaises, si dorées dans la lumière du soir, ces petits sanctuaires jalonnant comme autant d'étoiles le chemin de pèlerins de Saint-Jacques ! À Fenioux, Aulnay, Cognac, le zodiaque se déploie sur la voussure extérieure du portail, en un arc de cercle qui représente les douze mois de l'année avec des scènes de la vie quotidienne où la vigne tient une grande place : voici, au mois de mars, le Bélier et un paysan armé de sa serpette pour tailler la vigne ; voici, au mois de septembre, la Balance et un vigneron foulant la vendange à côté d'un cep de vigne. Ces tableautins champêtres, pris au riche vignoble charentais environnant, rappelaient aux hommes que, malgré l'angoisse de la mort et l'exigence du salut, la vie de tous les jours avait de ces douceurs, de ces saveurs et de ces truculences, justes récompenses de la dureté des labeurs. Penser au ciel, mais aussi cultiver la terre et faire pousser la vigne et jouir des fruits de son travail, tel est le sens de ces émouvants calendriers de pierre.

Dans les Riches Heures, livres de prières et de méditations adaptées aux heures de la journée, au mois, à la saison, des scènes de travaux viticoles scandent le cheminement liturgique et spirituel, entrelaçant le temps de l'oraison et de l'introspection avec le temps du travail et de la sociabilité. Ainsi, dans les *Très Riches Heures du duc de Berry* enluminées par les frères Limbourg, deux des mois du calendrier représentent, avec un extraordinaire raffinement de détails, les temps forts du vignoble : mars est évoqué par la taille, opération primordiale dans la conduite de la vigne ; devant le château de Lusignan en Poitou, dans un enclos cerné de murets, les paysans taillent les ceps, et entassent sur le sol des fagots de javelles. La miniature du mois de septembre est une scène de vendanges où chantent tous les verts de la vigne et tous les bleus du ciel, ces bleus éclatants et précieux de lapis-lazuli. En arrière-plan le château de Saumur a des airs de conte de fées, avec ses tours constellées de dais, pinacles, pignons, flèches, crochets, avec ses forêts de cheminées et ses girouettes aux fleurs de lys dorées, tandis qu'au premier plan, tout un petit peuple au travail est croqué avec tendresse et vivacité : on y voit une femme enceinte en tablier rouge et blanc, des jeunes gens cueillant de grosses grappes violettes, un personnage se barbouillant de raisin, un autre montrant ses fesses, des mulets portant des hottes, des bœufs tirant une charrette… la vie, tout prosaïquement, tout charnellement, tout savoureusement.

Ainsi les travaux de la vigne ont-ils inspiré les artistes du Moyen Âge, sculpteurs ou enlumineurs : pour la joie des yeux et l'élévation de l'âme. Comme une action de grâces.

Croquis hivernaux

Janvier dans le vignoble : la vigne désertée des oiseaux n'est plus qu'une ossature que rien ne semble devoir ranimer. Toute vie végétale est suspendue, sans rien qui attire le regard, sans rien qui incite au vagabondage : on dit la « morte saison ». Difficile à apprivoiser cette vigne des mauvais jours, refermée sur son propre mystère, dépouillée de tout pittoresque, dans un paysage tendant à l'épure.

Mais, pour l'amoureux des vignobles, c'est important d'être là, fidèle au rendez-vous même au cœur de l'hiver, de marcher dans l'air froid, dans l'odeur de la terre, l'odeur secrète de cette saison sans sève ni feuille ni pariade. En déshabillant le paysage de sa parure, l'hiver le rend à sa simplicité première, à sa signification minimale, à son essence, comme si l'âme ancienne du vignoble affleurait sous la terre nue. « L'hiver, à l'art serein, l'hiver lucide », pour reprendre les mots de Mallarmé, l'hiver fait de la vigne, avec ses bras noirs tout tordus et ses alignements, un dessin à l'encre de Chine, au fusain ou à la mine de plomb. Peut-être quelque très vieille gravure à la pointe sèche. Et c'est toujours une expérience esthétique singulière, qui incline à la méditation.

Je trouve, en relisant *Chimériques*, cette rare image de Chardonne, qui, d'un trait de plume, me donne à voir la vigne charentaise dans sa nudité hivernale : « Les ceps de vigne et leurs sarments comme de gros insectes morts. »

Jules Renard y voit d'énigmatiques soldats en rang : « La vigne : tous ses ceps, l'échalas droit, sont au port d'armes. Qu'attendent-ils ? » (*Histoires naturelles*).

Le sculpteur David d'Angers, plus fantaisiste, imagine des diablotins. Dans les *Notes* prises dans ses petits carnets noirs qui évoquent souvent la Loire angevine et ses coteaux couverts de vignes, il consigne ce rapide croquis : « Un champ de vigne quand les ceps n'ont pas encore leurs feuilles paraît autant de petits démons qui se jouent des hommes ivres. »

Pour Apollinaire, le paysage, dans le crépuscule hivernal, prend des allures fantasmagoriques :

> La nuit tombait Les vignobles aux ceps tordus
> Devenaient dans l'obscurité des ossuaires
> En neige et repliés gisaient là des suaires
> Et des chiens aboyaient aux passants morfondus (*Alcools*)

Les vignes squelettiques sur le linceul de la neige, en cet hiver qui clôt l'année végétale, éveillent nécessairement l'idée de la mort qui clôt la vie : l'image poétique superpose, au temps naturel de l'éternel retour, le temps humain de la finitude inéluctable. Mais ce sont là rêveries de voyageurs d'hiver.

L'homme de la terre sait bien, lui, que cette petite mort est nécessaire et féconde, que ce temps de latence et d'engourdissement prépare le renouveau, et que d'obscures germinations sont à l'œuvre. On attend de la neige qui arrive du fond du ciel. Et c'est si beau la vigne envoûtée par la neige. Je me souviens d'un matin d'hiver à Vosne-Romanée ; il avait neigé pendant la nuit, la neige était tombée sur les couleurs, sur les perspectives et même sur les bruits. Par-dessus le bourg silencieux, les pentes douces, où s'imbriquent les plus beaux « climats » du monde, avaient pris un éclat perlé sous une fine résille de neige (comme pour illustrer le joli mot de Gaston Roupnel disant de la précieuse Romanée qu'elle est « la perle du milieu du collier bourguignon »). Sur cette page blanche, où les vignes torses et noires écrivaient des calligrammes réguliers soulignés par les murets de pierres grises, on pouvait lire, avec une évidence émouvante, la complexité originelle et immuable de ces finages. La croix de la Romanée-Conti, plus que jamais repère et symbole en ce matin de premières neiges, exprimait quelque chose d'intemporel et d'indicible, de simple et de mystérieux. La neige fine, avec ses clartés d'aube, tissée de songe et de réel, faisait dire au paysage ses secrets les mieux gardés. C'est pour cela, précisément, que nous étions venus.

L'art de la taille

« Mars est fait en paincture comme ung vigneron parce que en cellui temps, il est saisons de copper les vignes. » Barthélémy l'Anglais, dans son *Livre des propriétés des choses* (vers 1230), témoigne ainsi d'une tradition iconographique ancienne et immuable : le mois de mars est toujours illustré par une scène de taille de la vigne ; et de très nombreux artistes du Moyen Âge et de la Renaissance se sont plu à représenter cette occupation paysanne avec beaucoup de réalisme, de tendresse et de cocasserie, chacun interprétant ce thème à l'aune de sa sensibilité et de son talent, chacun s'appropriant cet humble sujet, – qu'il s'agisse de l'illustrateur anonyme d'un simple calendrier des bergers, de l'enlumineur d'un merveilleux psautier, ou d'un maître italien renommé tel Francesco del Cossa, qui peignit, pour les plaisirs et les délassements des seigneurs d'Este, la somptueuse fresque de la *Taille de la vigne au mois de mars* au palais Schifanoia de Ferrare, avec un luxe de détails, une énergie dans la composition et les gestes, une palette de tons sourds, qui magnifient pour jamais ce moment de la vie rustique.

Et si les artistes l'ont ainsi mise en belles images, cette taille de la vigne, c'est parce qu'elle correspond à une phase essentielle dans le cycle des saisons et dans le destin des hommes ; c'est parce qu'elle est inscrite, depuis l'Âge d'or de Saturne (puisque c'est ce vieux dieu italique qui enseigna aux hommes l'art de la taille de la vigne), au calendrier des travaux et des jours, en cette toute fin d'hiver. Hésiode déjà l'enseignait, avec son expérience de modeste paysan de Béotie, en ces époques archaïques où la terre était encore toute bruissante des amours et de querelles des dieux :

La fille de Pandion, l'hirondelle au cri aigu,
S'élance dans la lumière du printemps nouveau.
Taille tes vignes avant qu'elle arrive :
C'est le meilleur moment.(*Les Travaux et les Jours*)

Le livre d'or des dictons, trésor de sagesses populaires et d'observations millénaires indéfiniment répétées, est bourré de conseils là-dessus, que l'on se transmettait de père en fils (sans doute parce que la vigne demande plus d'amour, plus d'entendement et plus de soins avertis que toute autre plante de la création, sa culture a inspiré un foisonnant corpus de proverbes et de dictons). « Taille tôt, taille tard, rien ne vaut la taille de mars », ai-je souvent entendu dire en Charente. Ce qui, tourné en versets paysans, est aussi beau qu'Hésiode :

Le vigneron me taille,
Le vigneron me lie,
Le vigneron me baille
En mars toute ma vie.

Évidemment, cela va selon le terroir, selon le climat ; chaque contrée dispose d'un fonds de vieux dits aux rimes rustiques et y puise au gré du temps qu'il fait. Tantôt c'est pour la Saint-Aubin, le 1er mars : « Si tu tailles le jour de Saint-Aubin, tu auras alors de gros raisins » ; tantôt c'est pour la Saint-Grégoire, le 12 mars : « À Saint-Grégoire, il faut tailler sa vigne pour boire. » Plus au sud, c'est dès février : « Si tu tailles ta vigne en février, tu mettras du raisin en ton panier. » L'homme à la serpette s'adapte souplement à la marche du temps, à la tournure que prend l'année, laisse passer les grosses gelées, attend le juste quartier de lune, guette l'instant optimum pour opérer ; il ne s'agit pas de se tromper, la qualité de la vendange future dépend de cette intervention essentielle : « Tout ce qu'on ôte au bois, on le donne au fruit » dit Pline, et il faut s'y tenir, qu'on pratique la taille courte, en gobelet, en tête de saule, en broche, en éventail, ou la taille longue, cordon de Royat, taille Guyot, à queue ou à courgées, voire la taille en lyre mise au point par de savants agronomes. Montesquieu, viticulteur avisé en ses propriétés de La Brède, de Rochemorin et de Baron, philosophe qui enfilait ses sabots dès qu'il était de retour dans ses chères Graves, se montrait particulièrement attentif à cette phase cruciale des travaux de la vigne « Le vigneron qui, en taillant, n'aurait pour but que le produit de l'année, serait comme ces sauvages qui abattent l'arbre pour avoir le fruit », écrit-il dans *Mes Pensées.*

C'est un art minutieux et difficile que de tailler la vigne pour lui faire donner le meilleur d'elle-même, pour lui imposer forme, ordre et mesure, pour en discipliner l'énergie volubile. Un art qui n'est pas loin de celui du sculpteur, un art qui requiert toujours la main habile de l'homme – même si le sécateur pneumatique a remplacé la serpette –, et son regard expert qui sait repérer les gourmands, les yeux fertiles, les nœuds, le bourillon au-dessus de l'empattement du sarment, le rameau de l'année, le courson ou cot de l'année précédente. Un art sans emphase, qui sculpte la matière végétale selon des formes théoriques codifiées de longue date, et qui vise à l'harmonie, au juste équilibre des souches. En somme la taille de la vigne ressortit à l'art topiaire, cet « *ars topiara* » ou art du paysage développé par les jardiniers romains qui voulaient rivaliser avec les sculpteurs, puis repris avec une virtuosité prodigieuse par les jardiniers de la Renaissance et ceux du Roi-Soleil.

Donc le vigneron est artiste, qui sculpte la nature et imprime au paysage un style singulier (une manière de classicisme adouci) en alignant, taillant et palissant les ceps. Et l'instrument de son art, son outil emblématique, fut, inchangée pendant des millénaires, la serpette, la serpette à talon, la « *falx vineatica* » connue depuis l'Antiquité et décrite par Columelle au Livre IV du *De re rustica.* Elle a la beauté fruste et loyale des vieux outils ; et Lamartine, vigneron en Mâconnais, la range bucoliquement dans sa cabane à outils :

> La bêche au fil tranchant que le gazon essuie,
> L'arrosoir au long cou qui simule la pluie,
> L'échelle qui se dresse aux espaliers des toits,
> La serpette qui tond, comme un troupeau, le bois.

Tandis que Clément Marot, en son *Adolescence Clémentine*, gentiment la chante et l'enchante :

> Chantons de la Serpette :
> Tous Vignerons ont à elle recours,
> C'est leur secours pour tailler la Vignette.
> O Serpillette, ô la Serpillonnette,
> La Vignolette est par toi mise sus,
> Dont les bons Vins tous les ans sont issus.
> Le Dieu Vulcain forgeron des hauts Dieux,
> Forgea aux Cieux la Serpe bien taillante
> De fin acier trempé en bon vin vieux,
> Pour tailler mieux et être plus vaillante :
> Bacchus la vante, et dit qu'elle est séante,
> Et convenante à Noé le bonhomme
> Pour en tailler la Vigne en la saison.

On n'a jamais fait aussi bien pour le sécateur.

Motifs de vigne grimpante

Donc la vigne se taille, et plutôt de manière drastique : rabattue, réduite, émondée, élaguée, pincée, ébourgeonnée, épamprée, écimée, elle doit exprimer, au temps des fruits, la quintessence archétypale d'un terroir et d'un cru. Autant dire qu'on ne fait pas dans la fantaisie, le libre cours, le p'tit bonheur la chance, le foisonnement buissonnier. L'ordre et la rigueur, voire un peu d'austérité, conviennent dans ce travail du matériau végétal, dans cette mise en forme spécifique du paysage.

Mais à côté de ces figures imposées et codifiés par un solide discours de la méthode, toutes les figures libres sont possibles, qui laissent la vigne être ce qu'elle est, c'est-à-dire un arbrisseau grimpant dont la nature naturante est de s'élever aérienne, de s'appuyer amoureusement sur le premier support venu et de dessiner contre le ciel de gracieuses et décoratives arabesques. Elle a alors les charmes décoiffés et sans artifice de la « Treille Muscate » de Colette, dansant libre dans la lumière méditerranéenne : « Tu mérites, vigne, des arceaux de fer léger, tu vaux bien que je plante ça et là des supports capricieux, des potences où te pendre, des ombrelles où t'épanouir puis retomber [...]. Vigne, tu t'élanceras dans le ciel, tu respireras la brise qui parfois ne frôle pas la terre, l'envers rude de tes feuilles goûtera la buée torride que l'été pompe à même l'humus, et de tes rejets ligneux, vigne, je me fais des arbres ! » (*Prisons et Paradis*).

Cette « treille » conquérante et libertaire de Colette me rappelle que la vigne est nativement liane ligneuse, de la famille des Ampélidées, dotée de vrilles tenaces pour s'accrocher aux branches et coloniser l'espace toujours plus haut. L'étymologie est très claire là-dessus : *vitis*, vigne en latin, est un dérivé de la vieille racine « *vi* » qui indique la flexibilité et qui se retrouve dans *viere*, « courber, tresser », et dans *vimen*,

« la tige flexible », et dans *viticula*, « petite vigne » (d'où nous est venu « vrille »).

Donc elle est liane dans son naturel, grimpante, dansante, virevoltante, force végétale exubérante dans un fouillis de rameaux désordonnés, dans une belle débauche de sève ; on l'appelle lambrusque ou vigne sauvage, et elle ombrage de ses pampres les doux ébats de la chèvre de Monsieur Seguin : « Notre petite coureuse en robe blanche fit sensation. On lui donna la meilleure place à la lambrusque, et tous ces messieurs furent très galants. » C'est sous cette forme que les plus vieilles viticultures l'adoptent : les Étrusques mariaient la vigne aux arbres qui lui servaient de support et la protégeaient de leur ombre – antique méthode culturale qui survit encore dans le Tessin, en Val d'Aoste où une expression populaire dit « s'aimer comme l'orme et la vigne ».

Les paysans des *Bucoliques*, poétiquement, « marient la vigne aux ormeaux amoureux ». Même Pline, le très savant amiral-naturaliste, s'emballe un peu et se laisse aller au lyrisme : « Sur le territoire campanien, on marie les vignes aux peupliers ; enlaçant leur époux, de leurs bras amoureux elles grimpent de branche en branche dans leur marche noueuse, en atteignent la cime » (*Histoires naturelles*, Livre XIV), Catulle conseille la jeune épouse au soir de sa nuit de noces : « Comme la vigne flexible enlace les arbres voisins, tu enlaceras ton époux de tes bras » (*Poésies*, 61).

Les poètes de la Pléiade, nourris d'Antiquité latine, s'approprient cette vivante image de la vigne amoureuse qui mime les étreintes et les embrassements des amants ; et du Bellay en emplit ses rêves les plus sensuels :

> J'avais lié ce col de marbre : voir
> Ce sein d'albâtre, en mes bras enlacés
> Non moins qu'on voit les ormes embrassés
> Du cep lascif, au fécond bord de Loire. (*L'Olive*)

Tandis que Ronsard supplie sa belle amie :

> Plus étroit que la vigne à l'ormeau se marie
> De bras souplement forts,
> Du lien de tes mains, Maîtresse, je te prie,
> Enlace-moi le corps. (*Amours diverses*)

Ce mariage à l'italienne de la vigne et de l'arbre se pratique en France à partir du XVe siècle, dans les vallées des Alpes du Nord et au pied des Pyrénées. Et c'était merveille de voir ces vignes « en hautins » emmêler leurs sarments aux frondaisons, décorer de festons et de guirlandes les ramures des ormes, des érables ou des cerisiers, jeter leurs lianes d'un arbre à l'autre, et mûrir leurs grappes dans l'air libre et le vent ; ces vignobles haut juchés se vendangeaient à l'échelle, comme on le voit sur les fresques et les mosaïques romaines des « amours vendangeurs », au flanc de marbre des sarcophages, ou sur le ventre ocre des poteries. Ces paysages singuliers, d'essence virgilienne, inspiraient joliment les voyageurs esthètes, tel l'historiographe Léon Godefroy découvrant les vignes du Vic-Bilh, lors de son voyage de Toulouse à Amboise en 1638 : « Si la fable peut avoir part en ce discours, je diray que chasques arbres avec les ceps qu'ils supportent sont autant de nymphes lesquelles ont été converties en ces arbres, que leurs corps sont les arbres et que leurs bras sont les branches de vignes et que voulant imiter encore quelque chose d'humain, elles se donnent la main les unes aux autres ; qu'au reste ce qui semble leur rester de consolation depuis cette fatale ouverture est la montre et la parade qu'elles font de leurs raisins » (*Voyages de Léon Godefroy*).

En Dauphiné, dans l'Isère et la Savoie, c'était un usage ancien de conduire ainsi la vigne ; Jules Guyot, le fameux inventeur de la taille Guyot, visitant les vignobles de France en 1876, consigne ces étonnantes façons de faire : « Tous les touristes connaissent les crosses d'Évian, constituées par de grands arbres avec toutes leurs branches, revêtues du haut en bas par les ramifications et les pampres de la vigne, qui présentent à l'œil de véritables futaies vignobles, avec autant de fruits que l'on voit de glands sur les chênes des forêts » (*Étude des vignobles de France*). Ce même spectacle ravit George Sand se promenant aux environs de Chambéry : « Ici la vigne monte sur les arbres et croise ses berceaux sur les champs comme en Toscane. C'est riant et frais, toutes ces guirlandes ont un air de fête et reposent de la Provence presque toujours farouche en sa beauté » (lettre du 30 mai 1861).

Effectivement la Toscane a longtemps conservé cette traditionnelle façon de faire, ce que consigne Giono dans son *Voyage en Italie* : « On laisse tous leurs rameaux aux vignes. Elles escaladent les arbres. On est obligé de vendanger avec des échelles. On pratique de la même façon dans la vallée de l'Isère, entre Grenoble et Montmélian, mais c'est que la proximité des montagnes entretient l'humidité et que le raisin doit être étalé au peu de soleil d'automne de cette région pour mûrir. Les rameaux y sont grêles et ressemblent à de longs vers de terre ; ici ce sont des serpents musculeux. » Un bon livre fait toujours le plus beau des voyages, n'est-ce pas ? Alors, encore un petit tour en tapis volant, et me voilà au milieu du vignoble fabuleux de Trébizonde qui fut capitale d'un empire, là-bas aux rives orientales de la mer Noire. La vigne, dont l'Asie Mineure fut le berceau, est ici mêlée à la forêt et enlace les troncs des ormes, des érables, des noyers, des mûriers, au grand étonnement des voyageurs : « Toute cette terre de Trébizonde, près de la mer, consiste en très hautes montagnes couvertes de beaux arbres, et il y avait une vigne grimpant à chaque arbre. C'est de ces lianes qu'ils font du vin », écrivait en 1405 un ambassadeur espagnol se rendant à Samarcande. Ces vignes-là, primitives, sylvestres et farouches, arrivent en droite ligne du fin fond de la nuit des temps.

L'autre motif possible de la vigne grimpante, dans un registre plus tempéré, est le motif de la treille : les jardins médiévaux sont ombragés de tonnelles toutes rebrodées de vigne, dont les enlumineurs ont fait l'un de leurs motifs de prédilection. Pour son ombre gracieuse et légère sur le gazon, Pierre de Crescens la recommande dans les petits vergers : « Dans sa partie exposée au soleil, on plantera de la vigne que l'on ploiera de telle sorte que les feuilles donneront de l'ombre pour le plaisir et pour empêcher le petit pré de sécher » (*Livre des prouffits champestres et ruraux*). Car une treille est toujours d'une gaîté et d'un ordre charmants : elle figure dans ces « jardins de plaisance » où le rossignol chante *au soir, au matinet*, où fleurissent les passeroses, où se retrouvent les amants, et dont les peintres du Moyen Âge nous ont transmis les images heureuses. Au milieu du XIVe siècle, le Grand Jardin du Louvre était orné de cinq pavillons entièrement couverts de vignes, tandis que les papes en Avignon aimaient à se promener dans leurs jardins de treilles et d'oiseaux, au pied de leur palais.

Eustorg de Beaulieu, au temps où Clément Marot racontait son *Adolescence Clémentine*, célébrait sagement *L'Ombre de la treille* :

Il n'est que l'ombre de la treille
Pour se rafraîchir plaisamment
Et n'y a ombre sa pareille
Ni qui tiennent plus fraîchement,
Et si est saine grandement.
Puis troncs, branches, fruits et la feuille
(Mais qu'en leur saison on les cueille),
Tout est à l'homme secourable,
Et, qui est plus grande merveille,
Leur liqueur est très profitable. (*Divers Rapports*, 1537)

En Languedoc, pour la treille, *la trilha*, courant le long de la maison et conduite en tonnelle, on employait des pieds de muscat blanc, dit « romain », dont les parfums suaves étaient la première offrande, et dont les fruits et puis le vin étaient traditionnellement offerts en cadeaux.

La treille, c'est la plus jolie façon qu'a trouvée la vigne pour entrer au jardin. La treille, c'est pour l'amour ou l'amitié, pour l'ombre mêlée de soleil, pour le vol doré des guêpes, pour la tendresse des soirs d'été, pour la lourdeur tiède des grappes dans la main, pour le vin frais qui a fait ses Pâques, pour des instants qui ont la plénitude d'un fruit. Aujourd'hui, comme hier, comme jamais.

Poétique de la vigne en fleurs

Là, c'est plus difficile, c'est de l'ordre de la grâce et de l'impalpable. Donc de l'ineffable. La vigne donne ses rendez-vous d'amour et ce sont des rendez-vous d'odeur, de courts instants qu'elle réserve à ses familiers. Pour la connaître, cette odeur si passagère, si désirable, il faut habiter au milieu des vignes et être initié au vieux secret des passages entre le printemps et l'été. Il faut savoir accueillir les signes et les promesses, même les plus impondérables.

Après la taille, la sève est montée, la vigne a pleuré, et sous l'écorce craquelée les bourgeons ont gonflé, encore tout duveteux, recouverts d'une fine bourre blanche ; puis la dormance a été levée et la vigne a débourré, dépliant les petits éventails vert tendre doublés d'argent de ses jeunes feuilles : « Le coucou a chanté, pour la première fois, dans les bois du marais. La vigne, le long de la maison, pousse des jeunes tiges gonflées de sève ; le feuillage, l'explosion de vie révèlent déjà une robustesse dionysiaque » note, au début du mois de mai, Ernst Jünger dans son journal (*La Cabane dans la vigne*).

Pour fleurir, la vigne a pris son temps, elle a attendu que s'ouvre la saison des fruits avec les premières cerises, elle a attendu qu'approchent les jours démesurés de juin, bien égayés de soleil, quand la terre est chaude comme une praline et que le matin a un petit goût de liqueur fine. Alors les inflorescences de chaque minuscule grappe ont éclos, libérant la poudre d'or des pollens qu'a emporté la brise aussi loin qu'elle va ; et le parfum est venu, suave et secret, distillé par les nectaires, ces infimes mamelons nichés entre les pétales et les étamines ; tout le pays s'est mis à embaumer, au gré des mouvements du vent.

Ramuz, qui a grandi avec la vigne, sait les mots qu'il faut pour dire cette chose indicible : « Tout part et déjà sortent les grappes, qui semblent, elles, nier le temps, et, sautant par-dessus l'été, crier les vendanges d'avance, avec leurs petits grains parfaitement formés qui trompent, ronds, durs, nets comme les vrais grains de plus tard, les grains de raisin qu'on aura. On ne va plus pouvoir dormir pendant huit jours : c'est lorsque chacun de ces faux petits grains éclate, laissant venir dehors ses poils blancs : alors, de très loin, l'abeille est appelée, l'abeille vient ; le mont en même temps sent bon et le mont se met en musique, chante de jour, sent fort la nuit » (*Fête des vignerons*).

Et quand, dans son enfance, on a respiré ce parfum doux et flûté, avec une pointe fine de réséda, très léger mais très caractéristique, on en garde à jamais l'empreinte olfactive. Ainsi, pour Lamartine, c'est le parfum bouleversant et nostalgique de ces matins d'autrefois, quand la maison natale de Milly était pleine et bruissante comme un nid :

> À l'heure où la rosée au soleil s'évapore,
> Tous ces volets fermés s'ouvraient à sa chaleur,
> Pour y laisser entrer, avec la tiède aurore,
> Les nocturnes parfums de nos vignes en fleur.
>
> (*La Vigne et la maison*)

Ronsard, né au manoir de la Possonnière, au milieu des vignes en ce beau terroir vendômois qu'il chérira toute sa vie, préfère, à toute autre, cette senteur ensorceleuse des printemps de sa jeunesse ; aucune fleur – dit-il

> Ne me plaît tant que la fleur
> De la douce Vigne sacrée,

Qui de sa nectareuse odeur
Le nez et le cœur me recrée.
Quand la mort me voudra tuer,
À tout le moins si je suis digne
Que les Dieux me daignent muer
Je le veux être en fleur de vigne. (*Odes*, II, XXIV)

J'aime que, dans sa poésie pleine de forêts, d'oiseaux, de fontaines et de belles amoureuses, de conseils à des rois amis, de dieux grecs, de nymphes et d'hymnes à Bacchus, Ronsard ait fait entrer cette modeste fleur au parfum fugitif et troublant que je reconnais entre mille. Et je la retrouve quand je me promène, à l'orée de la Renaissance, dans les beaux jardins du *Décaméron* de Boccace, en parcourant « de larges allées couvertes de vignes en arceaux, qui promettaient pour l'année en cours un raisin abondant. Elles n'étaient encore que fleuries et répandaient une telle odeur, mêlée à tous les autres parfums du jardin, qu'on se fût cru dans une officine, au milieu de tous les produits embaumés de l'Asie » (*Troisième journée*). Alors, c'est tout le vieux livre qui se met à sentir bon, aussi bon que ces jardins de curé, du côté de Bourg-sur-Gironde, débordant au mois de mai de lys et de seringas dont l'odeur grave et entêtante se mêle au parfum des vignes en fleurs apporté des collines par le vent.

Les yeux fermés, je respire encore ces petites mannes écloses, promesse des arômes futurs du vin. Elle est compliquée, cette senteur que les poètes prennent délicatement au filet de leurs mots. Les chercheurs, quant à eux, curieux de savoir le pourquoi du comment, captent dans leurs tubes à essai les complexes arômes de la fleur de vigne, les analysent par techniques de chromatophotographie et y trouvent plus d'une quinzaine de molécules qui composent un bouquet beaucoup plus odorant en milieu de journée, pour attirer les insectes pollinisateurs. Éternelle stratégie des attirances sexuelles : la vigne embaume, encense l'air autour d'elle pour être fécondée. Voilà pourquoi l'homme perçoit dans ces effluves quelque chose de charnel et d'érotique : Martial amoureux n'écrit-il pas que les baisers suaves d'Ismène ont le goût et le parfum de « la vigne qui blanchit sous ses rameaux en fleurs » (*Épigrames*, III, 65, 3) ?

Que le parfum de la vigne en fleurs soit une invitation à l'amour, un flux plein de tendresse et d'attente, la métaphore la plus poétique du désir, les sensuels et les sensitifs le savent bien, tel Maupassant dont j'aime tant ces lignes grisées et grisantes d'odeurs : « Avez-vous remarqué, depuis que vous êtes ici, une odeur délicieuse, à laquelle aucune autre odeur n'est comparable, si fine, si légère, qu'elle semble presque... une odeur immatérielle ? On la retrouve partout, on ne la saisit nulle part, on ne découvre pas d'où elle sort ! Jamais, jamais rien de plus divin ne m'avait troublé le cœur... Eh bien, c'est l'odeur de la vigne en fleurs ! Oh ! j'ai été quatre jours à le découvrir. Et n'est-ce pas charmant à penser, madame, que la vigne, qui nous donne le vin, le vin que peuvent seuls comprendre et savourer les esprits supérieurs, nous donne aussi le plus délicat et le plus troublant des parfums, que peuvent seuls découvrir les plus raffinés des sensuels ? » (*Mont-Oriol*).

Mais le vigneron se garde bien de tout lyrisme intempestif ; ces jours sont pour lui une phase de désireuse inquiétude, car si le froid, la pluie ou le brouillard se mettent de la partie, la fécondation est compromise, comme le rappellent les agrestes présages :

S'il pleut à la Sainte-Pétronille, (31 mai)
Les raisins deviennent grappilles
Ou tombent en guenilles.

Voilà, la vigne a fleuri, la saison la plus frémissante du vignoble est passée, le solstice est venu qui marque la fin des grandes impatiences du printemps. On entre dans les plénitudes. Ce qui devait se joindre et s'aimer, s'est rejoint et s'est aimé, comme dans un verset du *Cantique des cantiques* : « Le figuier gonfle la promesse de ses jeunes figues, et les vignes en fleurs exhalent leur parfum. Lève-toi, mon amie, ma belle, et viens ! » (2,12). Après la nouaison, la fleur devient fruit et, cent jours après la fleur, on fera la vendange.

Figures de l'été

L'été s'est installé, avec tous ses rendez-vous de chaleur, de lumière, de plus longs jours, de verdures assombries, de chemins brûlants d'odeurs. La vigne n'a plus de hâte et pas encore de fragilité ; buvant le soleil, élaborant des sucs plus concentrés dans les laboratoires de ses feuilles, elle travaille, calmement, au mûrissement des grappes. Le temps semble immobile, suspendu, mais la vigne, au feu solaire, prépare son *œuvre au noir* – et il faut avoir confiance en ces forces lentes, dit Verlaine sur le ton de la bonne chanson :

> Travaille vieux soleil pour le pain et le vin,
> Nourris l'homme du lait de la terre et lui donne
> L'honnête verre où rit un peu d'esprit divin. (*Sagesse*)

Pourquoi ai-je toujours pensé que, dans les vignes, c'était l'été mieux qu'ailleurs ? Peut-être parce que je suis née dans un pays méditerranéen où l'été flamboyait mieux qu'ailleurs, avec de plus hauts zéniths, avec des grands bleus plus radieux, avec des rayons plus ardents, et que dans ce pays où j'ai pris mes premières et mes plus belles leçons de lumière et de paysage, la vigne, immensément calme sous l'égide d'un soleil éclatant, semblait être la respiration même de l'été. La plaine de la Mitidja avec sa charge feuillue de vignes et d'orangers, ses chemins poudreux et ses alignements de caroubiers, allait, d'un rythme sûr et lent, jusqu'au pied de la montagne, dans des lointains noyés de brume de chaleur. À mes yeux de petite fille, la vigne était solaire, forcément ; elle avait l'immensité de la plaine, et la voix de l'été, et l'odeur des oueds asséchés bordés de grands roseaux. Cette image-là de mes toutes premières vignes me revient souvent en manière de refrain ; et chaque fois que je veux faire le blason de l'été, je ne peux m'empêcher d'y planter une vaste vigne dans la chaleur du jour, et d'y dessiner à côté une toute petite fille qui suce des tiges de « vinaigrette », cette herbe sauvage à fleurs jaunes et feuilles de trèfle, qui foisonnaient au pied des ceps et dont le suc avait un goût aigrelet délicieusement rafraîchissant.

Faudrait-il se détacher de ces beaux étés d'enfance avec du plein soleil partout autour de soi, de ces mois de vignes chaudes où l'on tenait dans ses mains l'odeur sèche et craquelée de la terre, sous un ciel sans bord ? Pourrait-on aller dans la vie et s'y retrouver sans ce poids de mémoire là ?

C'est justement cette ancienne alliance avec le pays natal des collines et des vignobles que Pavese cherche à renouer, dans *La Lune et les feux*, en opérant une manière de remontée en vrille dans le passé, de mise en perspective parfois hallucinée des paysages et des souvenirs d'enfance, de tentative désespérée de fêter à nouveau ses noces avec la terre dans la chaleur de l'été : « Il y a un soleil qui tape sur ces coteaux, une réverbération de champ stérile et de tufs, que j'avais oubliés. Ici la chaleur ne descend pas tellement du ciel, elle vient d'en bas – de la terre, du sol entre les vignes, une chaleur qui semble avoir dévoré tout le vert pour se transformer tout entière en sarment. C'est une chaleur qui me plaît, elle a une odeur : moi aussi, je suis dans cette odeur et il y a en elle d'innombrables vendanges, fenaisons, effeuillages de maïs, d'innombrables saveurs et d'innombrables envies que je ne savais plus avoir en moi. »

Joseph Delteil se souvient aussi des étés d'enfance sur les vignes de l'Aude, quand il campe le décor de son épopée contre la guerre, *Les Poilus* : « La chaleur est torride en ce mois de juillet 1914. Le département de l'Aude sue. De Narbonne à Limoux, des myriades de vignes, plongées dans le sable ou le silex, amaigries et dures, étalent sur la terre sèche leurs pampres de sang. » Comme si les souffrances des vignes écrasées par la canicule annonçaient les souffrances des soldats.

Quelle que soit la folie des hommes, les vignes ont alors besoin de soleil, et c'est dans l'ordre des choses :

Prépare autant de tonneaux
Qu'en juin il y aura de jours beaux.
Juillet ensoleillé
Remplit caves et celliers.

La grappe déjà bien formée, mais encore verte et opaque, agace les dents : elle est acerbe et toute chlorophyllienne, bonne pour les verjus (« Ils sont trop verts [...] et bons pour les goujats » dit, méprisant, le Renard de La Fontaine). La Saint-Jean passe au plus haut dans le ciel, vient la Sainte-Madeleine, le raisin gonfle, se laisse traverser par la lumière, et la couleur va s'y mettre : il faut aller dans la vigne « espérer voir la grappe mûrir, devenir transparente sous la feuille comme un verre de vitrail », me souffle Pourrat (*L'Homme à la bêche*). C'est la véraison (du vieux verbe *vérer*, varier, changer de couleur), qu'aucun ouvrage technique ne décrira aussi bien que Bachelard : « Quand le soleil d'août a travaillé les sèves premières, le feu lentement vient à la grappe. Le raisin s'éclaircit. La grappe devient un lustre qui brille sous l'abat-jour des larges feuilles. C'est à cacher la grappe qu'a dû servir d'abord la pudique feuille de vigne » (*La Flamme d'une chandelle*).

La maturation va désormais son train; les feuilles fabriquent de la couleur, du rouge et de l'or, du rubis et de l'ambre, qu'elles envoient partout dans les grappes. Chaque baie s'arrondit comme une petite outre, en mûrissant mollement son sucre et ses tannins, et commence à attirer les oiseaux et les faunes, dont Mallarmé reste la plus poétique, la plus évidente et la plus inévitable référence :

Ainsi, quand des raisins j'ai sucé la clarté,
Pour bannir un regret par ma feinte écarté,
Rieur, j'élève au ciel d'été la grappe vide
Et, soufflant dans ses peaux lumineuses, avide
D'ivresse, jusqu'au soir je regarde au travers.

(Prélude à *L'Après-midi d'un faune*)

Dans le genre faunesque, Delteil n'est pas mal non plus : « J'ai soif. Des vignes… des vignes… Je saute dans une vigne, je me couche sous une souche, le dos à terre. […] Mon visage immergé dans les feuilles, submergé de raisins, succombe dans les délices. Les raisins sont des tétines. Allongé dans une posture suave, les mains à la couture du pantalon, les testicules sous une feuille de vigne, la bouche toute tendue au ciel, j'aspire la vie à grands coups. […] Ce sont de lourdes grappes noires, à grains velus, des grappes muscates, ivres de sucs végétaux et d'ondes ultra-violettes » (*Choléra*). Le faune goulu sait qu'août fait le moût, et que les grains dont il se régale, sucrés, pulpeux, déjà dotés des arômes spécifiques de leur cépage, annoncent la qualité de la vendange, avec un petit avant-goût du vin prochain.

Avec la chaleur de septembre, les raisins ont pris des nuances de pierres précieuses, pas tout à fait comme dans le rêve de Jacques Marle, le héros de Huysmans, mais presque : « […] des vignes poussaient des raisins de rubis et d'améthystes, des grappes de grenats et d'amaldines, des chasselas de chrysoprases, des muscats gris d'olivines et de quartz, dardaient de fabuleuses touffes d'éclairs rouges, d'éclairs violets, d'éclairs jaunes, montaient en une escalade de fruits de feu […] » (*En rade*). Mais là, ça n'est plus de la viticulture, c'est de la pyrotechnie.

Les colchiques vont fleurir, on espère à la fois le soleil et une dernière pluie douce qui nourrisse les grains ; puis « à la Bonne-Dame de septembre, les raisins seront bons à prendre ». Alors la grappe parfaitement mûre sera lourde comme la grappe de la Terre Promise et belle comme dans les vers de Lamartine :

Le rayon du soir la transperce
Comme un albâtre oriental,
Et le sucre d'or qu'elle verse
Y pend en larmes de cristal. (*La Vigne et la maison*)

Vendémiaires

Les grappes ont bu tout le soleil jusqu'au dernier rayon. Le vigneron scrute une dernière fois l'horizon, croque un grain, interroge le vent, caresse sa vigne du regard. Il sait qu'il faut attendre, chercher à prévoir même l'imprévisible, parier sur encore un jour ou deux de mûrissement malgré les risques, patienter pour faire le meilleur vin possible. Il n'est pas comme ces vignerons trop pressés dont parlait Olivier de Serres : « Plusieurs du commun peuple se précipitent en leurs vendanges, qu'ils désirent commencer presqu'aussi tost qu'ils descouvrent des raisins bons à manger. »

La lumière chavire un peu ; une fraîcheur tombe le soir sur l'épaule bleutée des collines ; les petits matins ont des fantasmagories de brumes ; et le réfractomètre indique que le raisin a atteint sa richesse en sucres optimale. Le temps des vendanges est venu, avec ses rituels toujours recommencés, avec ses espoirs et ses craintes, ses grosses fatigues et ses liesses, avec ses cadences et ses vieilles magies (et ses nouvelles technologies).

On pourrait le dire à l'ancienne, à la manière d'Hésiode : « Quand Orion et Sirius auront gagné le milieu du ciel et que l'Aurore aux doigts de rose verra Arcture, c'est le moment, Persès, de rapporter chez toi la vendange. » Ou à la manière de Virgile :

> Les derniers soleils, sur les côtes vineuses
> Achèvent de mûrir les grappes paresseuses.

On pourrait le dire à la manière somptueuse de Giono : « Dans cet automne silencieux qui ressemble tant à l'été par son épaisse chaleur et cette immobilité gluante dans laquelle toutes les végétations de la terre sont prises, on entend craquer les échalas qui soutiennent la vendange. Les treilles se sont affaissées et l'on ne peut plus passer dessous ; si l'on s'y glisse, votre visage est tout de suite pris dans les grosses mains des grappes blanches si gonflées que de minuscules gouttes de rosée de sucre, suant de chaque grain, les illuminent d'un velours d'arcs-en-ciel entremêlés » (*Précisions*).

Partout, même sur la ville, de belles vendanges s'annoncent et Apollinaire prépare sa grande hotte de poète :

> Que Paris était beau à la fin de septembre
> Chaque nuit devenait une vigne dont les pampres
> Répandaient leur clarté sur la ville et là-haut
> Astres mûrs becquetés par les ivres oiseaux
> De ma gloire attendaient la vendange de l'aube. (*Alcools*)

Partout, sous tous les climats et dans toutes les époques, c'est le même grand rameutement de bruits, de couleurs, d'appels, d'allées et venues, de gestes patients et précis, d'émulations joyeuses, d'odeurs préfermentaires, de ces odeurs fortes, âpres et doucereuses, de rafles, de grappes écrasées, de bois mouillé qui emplissent les vieux chemins et attirent les guêpes. Pour la seule fois dans l'année, le vignoble perd sa retenue. Le pittoresque des vendanges (je ne parle pas des vendanges à la machine, on l'aura compris) a inspiré tant de scènes de genre, picturales et littéraires, a ressassé tant d'images, que les références affluent à la volée, qui se mêlent à mes propres souvenirs.

Dans les Graves, Montesquieu, tout à la fois sérieux et enjoué, me confie ses angoisses et ses bonheurs, vivant chaque vendange comme on joue à quitte ou double : « Je fais mes vendanges ; imaginez-vous que toute ma fortune dépend de trois jours de beau soleil » (lettre à Mme Dupré de Saint-Maur). En Suisse, du côté de Clarens, Rousseau me fait participer à des vendanges d'opérette : « Toutes les vignes chargées de ce fruit bienfaisant que le ciel offre aux infortunés pour leur faire oublier leur misère ; le bruit des tonneaux, des cuves ; le chant des vendangeuses dont ces coteaux retentissent ; la marche continuelle de ceux qui portent la vendange au pressoir ; le rauque son des instruments rustiques qui les anime au travail ; l'aimable et touchant tableau d'une allégresse générale qui semble en ce moment étendu sur la face de la terre ;

enfin le voile de brouillard que le soleil élève au matin comme une toile de théâtre pour découvrir à l'œil un si charmant spectacle : tout conspire à lui donner un air de fête » (*La Nouvelle Héloïse*).

Lamartine me raconte les vendanges de sa jeunesse dans le Mâconnais : « Toutes les vignes chantaient quand on emportait leur richesse : la toison de la terre semblait se réjouir d'être recueillie. Nous suivions à pied au retour les chars ruisselant du jus des coteaux [...] La joie ruisselait, comme le vin, de colline en colline » (*Mémoires*). Avec Balzac, j'ai vendangé l'amour sous un ciel radieux, dans la tendre vallée de l'Indre : « La vendange est alors comme le joyeux dessert du festin récolté, le ciel y sourit toujours en Touraine, où les automnes sont magnifiques » (*Le Lys dans la vallée*). Avec Ernst Jünger, j'ai connu les joies électives et de haute tenue des vendanges sur les pentes de la mythique Marina : « Quand, dans les jardins, nous entendions monter entre les feuillages empourprés et les sombres grappes les appels rieurs des vendangeurs, quand, dans les bourgades et les villages, les pressoirs commençaient à geindre, et que la fermentation des marcs nouveaux tissait autour des domaines ses voiles d'odeurs, nous descendions chez les aubergistes, les tonneliers, les vignerons, et choquions avec eux la cruche pansue » (*Sur les falaises de marbre*).

Mais celles qui ont ma préférence et me mettent les cinq sens à la fête, sont les vendanges de Delteil : « J'aime avec plénitude cette odeur de prémices rouges, et ce tapage de tonneliers sur les places publiques, ces ferrages de chevaux au grand air, et cette lueur dans les prunelles des filles et ces caves ouvertes au vent. Tout ce branle-bas me pénètre les artères an à an. Ça rappelle la fièvre des quais de départ, les migrations d'oiseaux, les vieux pèlerinages à Saint-Jacques-de-Compostelle. J'y vois plus mystérieusement encore quelque profond signe de rajeunissement, une ère de peaux neuves, la voie lactée de la Jouvence » (*Alphabet*).

Les vendanges et leurs fastes hauts en couleurs dans les feux de l'automne remplissent un gros album, avec leurs vers de mirliton, leurs images attendues de dons de Bacchus, de joyeuse exubérance, de gaillardes et vineuses odeurs, de propos lestes, de grives ayant un coup dans l'aile, de soifs étanchées aux grappes, de vieilles chansons et de traditionnels repas de vendangeurs aux nourritures abondantes et superbes, comme sur le domaine de M. de Bray, au milieu des vignes saintongeaises de Fromentin : « On était aux premiers jours d'octobre. Les vendanges allaient finir ; il ne restait plus dans la campagne, en partie rendue à son silence, que deux ou trois groupes de vendangeurs, ce que dans le pays on appelle des brigades, et un grand mât surmonté d'un pavillon de fête, planté dans la vigne même où se cueillaient les derniers raisins, annonçait en effet que la brigade de M. Dominique se préparait à manger joyeusement l'oie, c'est-à-dire à faire le repas de clôture et d'adieu où, pour célébrer la fin du travail, il est de tradition de manger, entre autres plats extraordinaires, une oie rôtie » (*Dominique*).

À propos de ces repas de vendangeurs, Stendhal, avec son esprit curieux et caustique, retient ce petit détail de sa visite au Clos de Vougeot : « Il est bien exact qu'on donne aux vendangeurs d'excellents dîners et surtout des mets auxquels ils ne sont pas accoutumés, afin de leur ôter l'idée de manger du raisin » (*Mémoires d'un touriste*).

Mais il y toutes les autres vendanges, celles où la boue colle aux bottes, où l'on est avalé par le brouillard, transpercé par la pluie, où l'on a le dos cassé, les mains glacées, parce que le mauvais temps s'y est mis et que rien n'y invite à l'abandon. Il y a les vendanges de montagne, plus ardues qu'ailleurs, austères et recueillies, fruits de la grand-peine des hommes, dont parle Giono avec une rude tendresse : « Nous nous délectons à des choses lugubres pendant que nous coupons les raisins et en remplissons les corbeilles, car nos vendanges de montagnards sont des vendanges très particulières. Une sorte de don extraordinaire, parce qu'en réalité, à cette hauteur, nous n'avons pas droit à des vignes et nous ne cessons de nous féliciter d'en avoir. Nous ne chantons pas ; nous ne crions pas de joie ; nous n'avons pas tous ces jeux dont on parle d'habitude à propos des vendanges. Si nous parlons, c'est des morts [...]. Nous vendangeons dans la grande ombre des montagnes » (*Faust au village*).

Et puis il y a celles qui requièrent un cérémonial particulier plus lent, plus grave, des gestes plus délicats, un savoir-faire plus minutieux : ces vendanges tardives qui se poursuivent parfois jusqu'à la première neige, grain à grain, grappe à grappe, à la pointe du ciseau pour recueillir la quintessence des fruits. Les brumes matinales estompent les silhouettes, assourdissent les couleurs, accrochent des perles au bout des feuilles. Les rires, les appels sont plus feutrés, le soleil met plus longtemps à venir, on entend à peine marcher sur les chemins. C'est plus un rituel qu'une liesse. Quelque chose d'une irréductible noblesse.

La fièvre est retombée dans le vignoble. Les vendanges sont terminées, les oiseaux glanent les grappillons mal mûris oubliés dans les vignes tout abandonnées au vent. Et ce sont les beaux mots de Frénaud qui viennent clore l'année de la vigne, ce temps rond des saisons, rassurant, presque maternel, parce qu'il est celui des éternelles renaissances :

> Bonheur rouge des vignes en automne.
> On a rentré le sulfate de cuivre, les hottes.
> En hiver tout est clair et se délimite.
> Répit, répit. Les chansons chauffent les grandes salles.
>
> (*Il n'y a pas de paradis*)

Le cycle de la vigne se referme sur lui-même, sans mélancolie, et s'ouvre celui du vin, secret et palpitant.

« Sue, sue, sue... Vigneron ! Que la vigne pousse, pousse... » C'était la chanson des rossignols d'autrefois, qui, perchés sur les échalas, accompagnaient les travaux et les jours du vigneron, et l'encourageaient de leurs trilles dans ses besognes justement accordées à la ronde du soleil. L'homme était assigné à sa tâche : la vigne pousse si vite, et si vite elle n'en fait qu'à sa tête. La mécanisation a changé le rythme du travail mais non pas l'ordre des choses : il s'agit toujours, en choisissant le meilleur moment, de tirer parti du temps, du terroir et du complant, en s'arrangeant des pluies et des sécheresses, en prenant appui sur des manières de faire et des manières d'être ancestrales.

Sans l'homme et ses mille ruses pour à la fois épouser et contraindre la nature, sans l'homme et sa patiente ardeur, saison après saison, à solliciter la terre et la plante, la vigne pourrait bien se débrouiller toute seule : elle ferait la folle du logis, grimperait aux arbres comme une sauvageonne, en haut picorée des oiseaux, en bas broutée par les chèvres. Ce serait un beau dommage.

Olivier de Serres, cultivant son exemplaire domaine du Pradel, sait tout cela ; il sait que l'homme a besoin de la vigne et que la vigne a besoin de l'homme et qu'entre les deux c'est une vieille histoire d'amour et de ténacité : « C'est beaucoup fait que d'avoir planté la Vigne, mais ce n'est pas tout, car, sans bon entretènement, la peine qu'on aura prinse tournera à néant, la Vigne pour son infirmité ne pouvant souffrir la négligence du Vigneron » (*Théâtre d'agriculture*). Le vigneron en Touraine a, pour dire cela, un joli mot : il « amignoune » sa vigne, il la cajole, il a pour elle des attentions d'amant et des soins de nourrice. Car la beauté de l'ouvrage constitue la prémisse de la bonté du vin.

Un art des lieux
Ô saisons, ô châteaux

Jour après jour pour le chantier
nuit après nuit pour le songe, la terre
mystérieuse s'est muée en royaume.
Ce n'est plus l'îlot isolé d'une presqu'île
perdue. C'est un haut lieu. Un phare.
Gaston Bonheur à propos de Mouton Rothschild
(Philippe de Rothschild, *Vivre la vigne*)

La vigne est un jardin, un jardin sage aux belles lignes distribuées sur les coteaux, aux belles verdures taillées, avec un petit bouquet de roses derrière l'oreille. Un jardin sage dont les oiseaux et les saisons trahissent les émotions, où la nature et la culture se sont donné rendez-vous à l'aube des temps, sous l'œil du vigneron qui, pour le moment, en mettant sa main en visière, admire le paysage à la corne d'un petit-bois.

Il contemple son ouvrage, le vigneron, et il songe en cette minute délicieuse – car, une fois la besogne terminée, que faire en un jardin à moins que l'on y songe ? Il songe qu'un bâtiment dans cet écrin de velours vert serait du meilleur effet et qu'une vigne ne saurait se concevoir sans une maisonnette pour les outils, un cuvier point trop éloigné, un chai plein d'ombres feutrées, et, dans les parages, une demeure des champs plus ou moins cossue où abriter ses bouteilles, son casse-croûte ou son repos ou ses amours ou ses richesses. Il songe que décidément son vin a besoin d'architecture. Ainsi, au fil des siècles, se sont construits, au milieu des vignes, châteaux et chaumières, cabanons et chartreuses, demeures palladiennes et humbles maisons vigneronnes – chacun dans son genre assujetti à de subtils canons de perfection, chacun participant du génie de lieux, chacun, dans sa modestie ou sa magnificence, prenant la pause pour faire étiquette et témoigner de la qualité de son cru.

En somme, toute une architecture à la gloire du vin et au bon plaisir des hommes, dans l'ombre portée des arbres et du passé, une architecture dont la découverte voue l'amateur à d'infinis voyages, à d'inlassables partances. Et dont on remplirait des volumes, n'en finissant jamais de recenser, des très hauts lieux aux plus humbles coteaux, les modèles, les architectonies, les styles, les ordres, les appareils, les matériaux, les charmes familiers ou les beautés solennelles… Cela ferait de bien beaux albums, pleins de dessins, de coupes, d'élévations, de plans, d'épures, de lavis, comme du temps de Mérimée, de Viollet-le-Duc ou de Léon Vaudoyer.

Mais à quoi bon prétendre à l'exhaustivité ? Les logis du vin et des hommes du vin sont d'une si prodigieuse diversité que cette quête des lieux reste ouverte, encore et toujours, prétexte à d'innombrables assiduités vagabondes. La clé des champs de la découverte reste sur la porte, et c'est tant mieux. Je l'ai souvent prise, cette clé des champs, pour aller à la rencontre du génie des lieux de la vigne et du vin, au gré de mes voyages, de mes lectures et de mes secrètes attirances ; j'ai profité des merveilleuses leçons de regard que m'ont données quelques écrivains aimés, au fil de pages souvent lues. Car il y a des livres qu'il faudrait toujours avoir par-devers soi, quand on va visiter le vin chez lui, au château ou à la cave.

Voyage esthétique et sentimental à Bordeaux

Châteaux rime avec Bordeaux, c'est un indice. Comme si les châteaux étaient la parure obligée de ces terres à cailloux sans grand relief ni ornement naturel, où la rège est la souple règle, la droite mesure d'une rive à l'autre. Que j'aime ce pays où la beauté est un besoin, d'essence intemporelle, où l'architecture se marie, idéalement, efficacement, au paysage, où le vin a fait surgir mille demeures de la courbe douce des coteaux, et créé un art de vivre à nul autre pareil, fait d'indéfinissable grandeur et de simplicité raffinée !

L'amateur de bordeaux, qui est forcément amateur d'architecture autant que de vin, embrasse tout cela du regard, l'harmonie, la terrasse, le grand cèdre, la double volée du perron, les pots à feu, la glycine, la grâce d'un balcon, la toiture en chapeau de marquis, les prospérités anciennes, les fidélités émouvantes, la vastitude paisible, une eau qui chante quelque part pour elle seule, et tant d'autres choses ; il voit tout cela qui l'émerveille et le comble, qui contient tous les visages possibles de la beauté. Il rêve parfois de pénétrer dans l'un ou l'autre de ces domaines enchantés, posés là dans le silence et la lumière, dans l'écrin d'une « garenne » (ainsi disait-on le parc) ou d'un jardin bouquetier, offerts et pourtant refermés sur leurs secrets ; il rêve d'en fouler les allées, d'en pousser la porte, d'en goûter la paix entre l'embrasure d'une haute fenêtre, le guéridon en bois de rose et la cheminée de pierre fine, d'y aller à la rencontre d'une certaine idée oubliée du bonheur, dont seules ces belles demeures ont gardé mémoire, dans leurs pierres, leurs lambris, leurs murmures, leurs clairs-obscurs, leurs frondaisons.

Aux premiers temps de la viticulture bordelaise, au IVe siècle, Ausone déjà chantait le bonheur de vivre à la campagne, au milieu des vignes, dans une riche villa de marbre décorée de mosaïques, dont son élève Paulin de Nole dit qu'« elle rivalise avec celles de Rome ». Était-ce dans sa villa de Bourg ou celle de Saint-Émilion ? Toujours est-il que le jardin y est un enchantement :

« C'était au printemps : la douce haleine du matin et sa piquante fraîcheur annonçaient le retour doré du jour. [...] Je me promenais par les sentiers et les carrés arrosés du jardin. Je vis la rosée perler sur les herbes couchées ou sur la tige des légumes, et sur les larges feuilles du chou, se jouer les gouttes rondes et lourdes encore de cette eau céleste. Je vis les riants rosiers briller humides au lever de l'étoile du matin. Ça et là, sur les arbrisseaux chargés de brouillards, luisait une blanche perle qui devait mourir aux premiers rayons du jour » (*Les Roses*). Dans ce cadre idyllique, il reçoit ses amis autour d'une table raffinée et garnie des produits du terroir : « Tu trouveras chez moi les dons de Cérès aux fruits brillants et puis la chair fleurie du porc, et puis de larges coupes si tu veux mêler le nectar d'un bon vin » (lettre à Axius Paulus). Il chante les huîtres en un long poème et sa préférence va naturellement à celles du Médoc : « ces huîtres de Bordeaux que leur qualité merveilleuse fit admettre à la table des Césars, qualité non moins vantée que l'excellence de notre vin. Ces huîtres, entre toutes, ont mérité la palme, elles ont de bien loin le pas sur les autres : leur chair est grasse, blanche, très tendre, et à l'exquise douceur de son suc se mêle un goût légèrement salé, de saveur marine » (*Epist.* 3, 20-25). Il sert volontiers à ses convives du gibier, grives et canards pris sur ses terres dans des filets (lettre à Hesperius), de la *lamproie accommodée au vin noir*, de l'alose grillée. Et les propos ailés, inspirés par le vin de la propriété, animent la conversation qui va qui vient sur la poésie, sur l'épicurisme, sur le temps qu'il fait et l'état de la vendange. Déjà tout un art de vivre très « château-Bordeaux ».

Et c'est exactement le même art de vivre que cultive Montesquieu en son fier château de La Brède, maintenu tel qu'en lui-même le XVe siècle l'a construit, avec ses puissantes murailles, ses ponts-levis, ses échauguettes, ses hautes tours à mâchicoulis, ses douves miroitantes (que Stendhal trouve « remplies d'une eau fort propre, mais couleur de café... »). « Je me fais fête, écrit Montesquieu en 1744 à son cher ami l'abbé Guasco, de vous mener à ma campagne de La Brède où vous trouverez un château gothique à la vérité, mais orné de dehors charmants dont j'ai pris l'idée en Angleterre. » Et un peu plus tard : « Je puis dire que c'est à présent un des lieux aussi agréables qu'il y ait en France, au château près, tant la nature s'y trouve dans sa robe de chambre et au saut du lit. » Comme on s'entend bien avec ce philosophe aux champs, mi-sérieux, mi-enjoué, solidement enraciné dans son terroir de graves, attaché à son vaillant vieux château qu'il embellit d'un parc à l'anglaise, tant et si bien qu'il pourra dire : « C'est le plus beau lieu champêtre que je connaisse. »

Le XVIIe siècle, si faste pour Bordeaux, invente la plus jolie maison du bonheur au milieu des vignes : la chartreuse, si typiquement girondine, avec sa modestie racée et son air d'aristocrate aux champs. Accueillante au soleil par toutes ses fenêtres, ornée d'une naïve génoise, parfois de rampes en fer forgé finement ouvrées, d'un fronton sculpté d'une guirlande antique, elle témoigne de la douceur de vivre au temps de Louis le Bien-Aimé, et, depuis sa terrasse, il fait bon contempler le vignoble en s'accoudant à la balustrade entre les vases Médicis. Il faudrait toutes les citer, ces stations pleines de grâce et de sérénité sur la carte du Tendre de mes châteaux.

Beychevelle est peut-être dans cette famille secrète et fidèle des chartreuses, l'éclosion la plus miraculeuse : un rêve, absolument heureux, de pierres et de jardins, surgi là, ample et aérien, sur le dos de la colline. De sa longue terrasse où veillent les sphynges en terre cuite rose, dans les vapeurs légères montées de la Gironde, Beychevelle regarde à jamais la « rivière », aujourd'hui comme hier, comme au temps où Bertall, écrivain et dessinateur ami de Balzac, se promenait dans le Bordelais comme en un jardin de plaisance : « Je suis arrivé en plein Médoc, en pleine fête, dans un vieux château d'un beau caractère, bâti dans une position des plus heureuses. À droite, à gauche, en arrière, de plantureux vignobles. [...] Au fond, la Gironde, qui se détache comme un large ruban de moire argentée ; les côtes du pays de Blaye, qui s'estompent dans la vapeur, et, pour donner encore plus de vie à ce prestigieux décor, les voiles des navires qui piquent l'horizon de taches brillantes de soleil, ou d'un roux doré, pendant que des panaches de fumée montent ou descendent le fleuve, sur cette route vivante qui conduit à Pauillac ou à Bordeaux » (*La Vigne*).

Ce siècle d'or et de Lumières se clôt au Bouilh, sur l'image du bonheur la plus émouvante qui soit, celle du bonheur inachevé, du rêve interrompu. Du grandiose projet d'un château théâtral au milieu des vignes, voulu par le comte de la Tour du Pin et dessiné en 1787 par Victor Louis (l'architecte du Grand Théâtre de Bordeaux), seule une partie a été réalisée ; et c'est ce qui fait la magie de ce lieu, décor d'un opéra à jamais perdu. Le comte y commença de se ruiner puis la révolution vint mettre fin à ce beau rêve : « Enfin, nous arrivâmes au Bouilh vers le milieu d'avril [1793], et j'éprouvai une grande joie de me trouver dans ce lieu si chéri de mon pauvre beau-père. Il avait même dérangé sa fortune par les embellissements qu'il y avait faits et par les bâtiments qu'il y avait construits. Cette résidence ne m'en plut pas moins parfaitement. Les quatre mois que nous y passâmes sont restés dans ma mémoire, et surtout dans mon cœur comme les plus doux de ma vie ». C'est la belle-fille du comte, la marquise Lucy de La Tour du Pin, qui raconte dans ses *Mémoires* ces trop brefs moments de bonheur au Bouilh, avant les deuils et l'exil. Plus tard, à bout de ressources, il faudra bien vendre Le Bouilh et ce sera un crève-cœur : « Nous vendons tout ce que nous pouvons, mais voici que tout est épuisé et il faut pourtant bien bêcher les vignes. Les beaux et les bons sentiments sont admirables, mais bref, il faut finir par manger, et c'est là le difficile, pour ne pas dire l'impossible. Et tout cela dans cette belle maison que nous voudrions tant vendre et que personne ne veut [...]. Tout cela pourtant n'empêche pas les roses de fleurir, les arbres de verdir et les rossignols de chanter. » Merveilleuse, courageuse Lucy, dont le fantôme hante tendrement cette belle utopie de pierres. Quand elle a tout perdu, quand le château est vendu pour une somme qui permettra à peine de rembourser les créanciers, elle a, dans une de ses lettres, cette phrase ravissante : « On ne peut pas vivre sans un tout petit château en l'air, où réfugier l'imagination de ses espérances et c'est celui-là que j'ai construit ; mais sa base me semble bien fragile, et les ouvriers qui devraient l'édifier ne sont pas encore nés, ou dorment d'un sommeil si profond qu'il n'y a pas d'espoir de les voir se réveiller. » Il faut aller au Bouilh, avec le *Journal* de Lucy dans sa poche, et se laisser prendre à ses envoûtements quand l'automne rouille les feuilles des marronniers et dore les deux grandes ailes ouvertes des communs : Le Bouilh, c'est la permanence d'un songe.

Le XIXe siècle se lève, glorieux, sur Margaux. Château Margaux ? Une magnifique leçon de style, claire et puissante comme une pensée lumineuse dans un esprit juste ; l'image d'une beauté évidente et qui dure, dont rien ne se dilue dans la durée ; la logique d'un ordre infiniment classique à la fois imposant et élégant ; la science des proportions à son point d'imperceptible perfection ; et par-dessus le marché, le charme fou d'une pierre dorée comme poussière de soleil, sur laquelle les heures et les saisons posent leurs fragiles fantaisies. Margaux, c'est tout cela, la puissance et la grâce, l'éloquence et la sérénité, la douceur de la matière et l'intelligence vigoureuse de la forme, les fleurs de magnolias et les platanes à peaux de serpent, le mariage heureux de l'art et de l'usage, et mille autres choses que j'ai entrevues et rêvées au bout de l'allée pleine d'ombres émeraude, faite exprès pour conduire tout uniment chaque regard au grand vaisseau de pierre ancré là-bas dans une crique de lumière.

Je me souviens de Jacques Laurent découvrant la façade du château, dont le style classique si intelligible et la magnificence maîtrisée ne pouvaient que le ravir : « Par une fin de matinée caniculaire, à l'extrémité d'une longue allée envoûtée par les hautes frondaisons d'une centaine de platanes, j'aperçus l'un de ces temples grecs pareils à des calandres de Rolls que l'art néo-classique a réussis avec plus ou moins de bonheur. Ici, avec un bonheur complet. Ici, c'était le château Margaux. Je le regardais s'approcher, grandir » (*Du mensonge*). Cela sent ses *Mémoires d'un touriste.* Jacques Laurent pensait-il alors à son maître Stendhal (qu'il n'a jamais cessé de lire et de citer), visitant rapidement le Médoc en 1838 ? Ce n'est pas Margaux dont s'enchante Stendhal (normal, il a débarqué à Pauillac et remonte en diligence vers Lesparre), mais le délicieux Cos d'Estournel, miracle ou mirage oriental sur le doux coteau de Saint-Estèphe passée la jalle du Breuil : « Je trouve d'abord dans ce pays assez désert quelques grands arbres autour d'une sorte de château qui a une tour (Château Lafite, pardi !). Quelques temps après, j'arrive à un bâtiment singulier qui n'a qu'un rez-de-chaussée. “Ce sont des écuries appartenant à un riche propriétaire [...]” me dit le postillon. Je crois plutôt que c'est un chai : c'est le nom qu'on donne en ce pays au cellier ou fabrique de vin. Ce bâtiment fort élégant, d'une brillante couleur jaune clair, n'est, à la vérité, d'aucun style : cela n'est ni grec, ni gothique, cela est fort gai et serait plutôt dans le genre chinois » (*Voyage dans le Midi*). Voilà, c'est comme si on y était : le postillon a fait claquer son fouet pour grimper la pente, amorcer la courbe du virage ; les chevaux ont ralenti, et M. le consul en grandes vacances regarde, derrière la vitre ruisselante de pluie, le balustre crénelé, le lion et la licorne, les clochetons couronnant ce rêve un peu fou de Louis-Gaspard d'Estournel qui y logeait ses bœufs et son vin retour des Indes, « fier d'être des nababs le suprême régal » (Pierre Biarnez). Tels sont les bonheurs du voyage esthétique et sentimental à Bordeaux dans la compagnie des écrivains aimés.

Et j'aurais encore tant de lettres de châteaux à vous écrire, de mes châteaux en Gironde, ermitages, tours, thébaïdes, folies, pavillons, gentilhommières cossues, manoirs à la Walter Scott ; je vous écrirais d'un château troubadour où la leçon d'architecture serait aussi une leçon de bonheur ; je vous écrirais d'un *tout petit château en l'air* plus rêvé que réel, où le silence serait d'une qualité surprenante ; je vous écrirais de l'un de ces châteaux disparus, tel celui que décrivait dans son journal de voyage Sophie de La Roche de passage à Bordeaux en 1785 : « Nous sommes allés, aujourd'hui, visiter la propriété de M. de Bethmann. Elle est vaste, bien située, et forme dans sa plus grande longueur une terrasse qui longe un petit ruisseau et où se trouvent des allées avec deux jolis pavillons de plaisance. Sur une seconde terrasse se trouvent le verger, le potager, un vivier, une fontaine jaillissante et, sur le point le plus élevé, la grande habitation entourée de vignes. »

C'est là le décor typiquement bordelais de l'idylle architecturale, viticole et champêtre, cette idylle obstinée et fragile qu'on voudrait voir durer, à contre-courant d'une histoire qui s'emballe. Oui, tout y est : le ruisseau tout en bas avec les saules, puis le jardin potager et les rangs de fleurs pour les bouquets, puis la longue terrasse, puis le château qui est nécessairement d'un ton pastel très doux, flanqué d'une échauguette ronde et d'une poivrière pour rire coiffée d'ardoise pointue. Vous voyez ce que je veux dire ? Un château à la fois pour de vrai et pour la féérie, avec ses allées invitantes sous les arbres et ses buis taillés devant les chais, et tout ce qu'on ne voit pas : le vin mémorable qui travaille ou qui dort, le temps comme en dehors du temps, le charme secret des très vieilles maisons et l'assurance tranquille des très vieilles réussites, les dames en crinolines qui traversent une ancienne gravure, par-delà l'eau dormante des siècles. Car il s'agit de Château Lafite, n'est-ce-pas ?

Hauts lieux en Bourgogne

En Bourgogne vineuse, les hommes ont nourri de moins flagrants désirs d'architecture et de mise en scène. Peut-être ou sans doute, parce qu'ici, ils ont travaillé la vigne et magnifié le vin avec l'aide de Dieu, et que, sur ces terres marquées par les règles clunisienne et cistercienne, la convoitise d'une chartreuse du XVIIIe siècle ou d'un péristyle à fronton et colonnes aurait fait mauvais genre. Prudent et malin, le Bourguignon a plutôt construit des maisons de Dieu (c'est pour le ciel et la promesse du salut), et des caveaux du vin (c'est pour la terre, pour la promesse des vendanges et pour le soleil au plus gris des hivers). Et puis allez bâtir un château au milieu de quelques ouvrées de vignes, dans un enchevêtrement de crus, de clos, de climats, de murets, de pentes qui se bousculent ou parfois se tournent le dos, de terroirs qui multiplient à l'infini les accents et les nuances ! Quand les parcelles tiennent dans un mouchoir de poche, la descente à la cave et la rondeur de l'accueil remplacent efficacement l'apparat d'un château.

C'est pourquoi, plutôt que l'art des châteaux, la Bourgogne cultive, avec talent, l'art des hauts lieux, où se rencontrent la spiritualité la plus élevée et la convivialité la plus bachique, le dépouillement le plus monacal et la gourmandise la plus temporelle. Depuis le Moyen Âge, tout cela fait bon ménage et participe de l'âme bourguignonne. Ici, le sacré et l'humain se rejoignent dans les parfums et la finesse du pinot noir, dans l'or caressant du chardonnay, se retrouvent dans l'atmosphère recueillie du cellier du Clos de Vougeot, se confondent dans le fumet grandiose d'un coq au vin de Pommard, d'un dos de brochet au Meursault ou d'une pochouse au Chablis (plus grand est le vin, plus sublime est la sauce).

Un haut lieu, c'est quoi au juste ? Un lieu qui nous parle d'une voix libre et singulière, qui trouve en nous un écho, bien plutôt qu'un lieu qu'on admire avec évidence dès l'instant de son surgissement. Un lieu ancré dans le réel, dans le quotidien, faisant corps étroitement avec sa terre et son ciel, mais qui transcende cette dimension ordinaire, en conjuguant présent, histoire et éternité, en rendant un hommage particulier au monde, à la beauté du monde. Un lieu qui n'a peut-être rien de spectaculaire mais avec lequel on se sent des affinités secrètes et sur la figure duquel on peut lire un symbole.

Souvent, il suffit d'en prononcer le nom pour que rayonne le haut lieu. Stendhal dit cela assez justement, en bougonnant un peu parce qu'il trouve que la Côte-d'Or ne paye vraiment pas de mine : « Sans ses vins admirables, je trouverais que rien au monde n'est plus laid que cette Côte-d'Or [...]. La Côte-d'Or n'est donc qu'une petite montagne bien sèche et bien laide ; mais on distingue les vignes avec les petits piquets, et à chaque instant on trouve un nom immortel : Chambertin, le Clos-de-Vougeot, Romanée, Saint-Georges, Nuits. À l'aide de tant de gloire, on finit par s'accoutumer à la Côte-d'Or » (*Mémoires d'un touriste*). Pour le paysage, il exagère : sans doute est-il passé trop vite pour en saisir la beauté discrète et contenue, pour en comprendre la géométrie délicate et l'impondérable harmonie ; sans doute l'a-t-il mal regardé, ce versant plus doré, avide du soleil du levant et du midi, portant l'étroit ruban du vignoble cousu au petit point entre les bois sombres du haut et la plaine qui va vers la Saône dans un léger tremblé des contours. Il aurait fallu qu'il descende de sa diligence, qu'il prenne le chemin des écoliers, musardant d'un village à l'autre par les sentiers des vignes. Mais pour la puissance évocatrice des noms, il a mille fois raison : les toponymes fameux signalent à eux seuls les hauts lieux bourguignons du vin et portent à eux seuls la gloire du pays. Un nom, un simple portail dans le muret du clos, un petit abri de vignes, un clocher au toit de tuiles vernissées, et c'est l'idée d'un vin précieux qui vient à l'esprit et aux papilles, Meursault, Gevrey, Fixin. Parfois c'est une humble chapelle paysanne à clocheton qui résume l'âme d'un grand cru : ainsi la chapelle Notre-Dame de Pitié, à Volnay, à laquelle, avec une ferveur ancienne, on vient rendre hommage le quinze août, en procession par les ruelles fleuries.

Parfois c'est une plus que parfaite colline, revêtue de vignes de tous côtés, coiffée d'un bois touffu comme d'un béret, au relief plus ample et plus marqué, qui attire le regard, sert de point de repère, de point de ralliement et de but de pèlerinage pour l'amateur : voici Corton, haut lieu pour vins de haute race.

Parfois c'est un château, mais ici les châteaux savent se faire rares, ce pourquoi on s'y attarde, on y rêve plus longuement, en y prenant son temps. Plus rares donc plus désirables et plus mémorables. Comment oublier jamais le château du Clos de Vougeot, unique château de moines vignerons, à l'architecture puissante et paisible enracinée au milieu de son clos, sertie d'histoire et de vignes choyées ? Il faudrait tout dire, les vastes toitures couleur de pain brûlé, les grandes fenêtres à meneaux, le cellier comme une cathédrale où se tiennent les chapitres de la Confrérie des chevaliers du Tastevin, le gracieux décor Renaissance de la porte d'honneur, le soleil qui descend derrière la Côte, et ce sentiment de la durée nous reliant aux temps les plus anciens, ces temps où les Cisterciens cultivaient ardemment la vigne « pour l'amour de Dieu et de la Sainte-Vierge ». Et puis relire ces belles pages de Gaston Roupnel écrites en préface pour *Le Clos de Vougeot* de Camille Rodier : « Que vos regards se lèvent un instant vers ce lieu calme, seul au monde de son espèce et qui continue chaque année, à chaque vendange, de prouver et d'affirmer sous les espèces du vin, une noblesse millénaire. » Et puis retrouver les savoureux dessins de Bertall, croquant les moines au travail dans le vignoble ou au cellier, et campant la silhouette du Père Pignolet, régisseur et cellérier du Clos-Vougeot, qu'il accompagne de ce petit commentaire : « Le Père Pignolet n'a sacrifié que bien peu à la mode actuelle. Vigoureux, taillé à coups de large serpe, il a ce bon aspect solidement tranquille des gens du pays, cette bonne face bourguignonne colorée par l'heureuse dégustation des produits du clos ; ses sabots aux formes monumentales semblent taillés dans les mêmes arbres druidiques dont les troncs ont fourni les madriers des vieux pressoirs » (*La Vigne*).

Au flanc de la montagne de Corton, à Aloxe, le beau château de Corton-Grancey domine de sa haute façade un peu austère le cru préféré de Voltaire. Il a en effet été construit en 1749 par

Antoine Gabriel Le Bault, fournisseur attitré du philosophe de Ferney qui fut un client fidèle et toujours soucieux d'entretenir de bonnes relations avec le propriétaire de cet excellent vignoble. Sa correspondance avec Monsieur Le Bault et son épouse (qu'il appelait galamment Madame la Belle) est un délice de charme, de courbettes et de cabotinage. C'est que Voltaire tient tant à avoir à sa table ce grand vin de Corton : « Revenons, s'il vous plaît, au vin de Corton. Je ne le demande ni nouveau ni vieux, ni en tonneau, ni en bouteilles, je le demande tout comme vous voudrez me l'envoyer. Tout m'est égal, pourvu qu'il en soit bon ; faites comme il vous plaira, vous êtes le maître » (lettre de 1761). Et quelques années plus tard : « J'ai recours à vos bontés, je vous supplie de m'envoyer cent bouteilles de votre vin rouge et cent bouteilles du joli petit vin blanc de madame Le Bault. Ayez pitié d'un pauvre malade qui vous est bien véritablement attaché » (lettre de 1769). Il est sympathique, ce Voltaire amateur de Corton, prêt à toutes les démarches et toutes les flatteries pour obtenir le précieux nectar bourguignon. Et cette magnifique note de dégustation d'un Corton 1945 par Jules Chauvet l'aurait sûrement mis en joie : « Beau grenat avec nuance de rubis. Nez de forme douce et grasse puis tannique et ferme. Impression de richesse, le vin paraît mâle. Palais : résineux, abricot, groseille, kirsch. Le vin a tendance à se replier, à se tasser sur lui-même. C'est l'homme d'âge mûr qui se voûte légèrement. »

Avec ce pays, cela se passe toujours ainsi : on attrape un nom, au hasard de la promenade ou des souvenirs, et c'est tout l'écheveau des goûts, des mots, des images qui vient avec. Que voulez-vous, on se balade, on invente des détours, des haltes, des digressions ; on emmêle aux fils de l'itinéraire les livres lus, les bouteilles bues et les choses vues ; on visite les châteaux qu'il faut, Gevrey pour quelques survivances de l'esprit de Cluny, Savigny pour l'allure Grand Siècle, Meursault pour les caves cisterciennes, Brochon pour le souvenir de Crébillon, Pommard pour son cadran solaire et ses vins puissants et hauts en couleur qu'il faut savoir attendre… À Chenove, où l'on peut voir les deux énormes pressoirs qu'Alix de Vergy fit construire au XIIIe siècle, me revient en mémoire ce conte doux et triste d'amour courtois « escript en très viel langaige », *La Châtelaine de Vergy*. Goûter d'un Clos du Roi, le cru de Chenove si apprécié des ducs de Bourgogne, et relire cette belle histoire d'amour et de mort : « Du plus loin qu'elle l'avait vu, elle s'était élancée ; elle l'accole de ses beaux bras, le baise cent fois, sans plus longues paroles. Et lui l'accole et lui rend ses baisers... » Ce serait une manière d'arrêter le temps, d'enrouler les heures sur elles-mêmes, légères et graves ; et ce serait encore une manière de faire allégeance à la Bourgogne.

Beaune est belle comme un dimanche d'autrefois ; elle raconte avec éclat les fastes de son histoire et brille au firmament de la Bourgogne artistique et vineuse, dans un foisonnement de chefs-d'œuvre dont le très célèbre Hôtel-Dieu de Nicolas Rolin. Les vastes toits de tuiles vernissées multicolores qui lui font un habit d'Arlequin, les hautes lucarnes hérissées d'épis dorés et de girouettes héraldiques, la floraison de clochetons, de flèches et de pinacles, les galeries de promenade pleines d'une paix installée là depuis des siècles : tout cela est archi connu, mais le charme opère à chaque fois, intact – ce charme qui faisait écrire à Viollet-le-Duc : « La cour de cet établissement, d'un aspect riant, bien proportionné, contenant encore son puits du XVe siècle, son lavoir et sa chaire donnerait presque envie de tomber malade à Beaune. »

Ce haut lieu, où se déroule la traditionnelle Vente des Hospices, met en scène le vin dans ses plus beaux atours, dans son expression esthétique la plus clairement déchiffrable et la plus aboutie : dans un cadre somptueux, avec tous les fastes et les décors requis, les prix, comme la qualité, des plus grands crus s'envolent, et tout cela pour une œuvre de charité. Tout y est : le beau (la merveille d'architecture et les chatoiements de la fête), le bon (la qualité de vins prestigieux), et le bien (la vente aux enchères au bénéfice des hôpitaux). Les hospices de Nuits-Saint-Georges et de Beaujeu soumettent pareillement leurs crus de la charité aux feux des enchères. C'est là le vin dans ses pompes et dans ses œuvres, dans ses manifestations les plus brillantes, les plus officielles et les plus efficaces ; c'est le vin théâtralisé.

Mais je connais d'autres lieux du vin, plus intimes, distillant des charmes plus secrets, marqués du sceau de la poésie. D'ailleurs, un lieu ne devient-il pas un haut lieu, à partir du moment où il est hanté par la littérature, habité de souvenirs et d'expériences personnelles, bruissant de références poétiques ? Je le crois profondément. Est-ce parce que j'ai perdu ma terre natale que je suis à ce point fascinée par les terres natales des écrivains que j'aime ? Je les collectionne, j'y lis leurs enracinements, leurs nostalgies, leur bonne aventure, je les convoite doucement ; entre leurs lignes à eux, j'écris mon histoire à moi.

> Là, mon cœur en tout lieu se retrouve lui-même,
> Tout s'y souvient de moi, tout m'y connaît, tout m'aime.

Donc, en récitant Lamartine avec une ferveur adolescente, on mettra le cap au sud vers le Mâconnais, sur les traces du poète qui fut, comme dit la chanson, fier d'être gentilhomme bourguignon et surtout fier d'être vigneron et même négociant en vins. Là, dans ce vignoble déjà méridional, où la pierre est plus dorée, où les toits moins pentus sont revêtus de tuiles rondes aux teintes d'œillet fané, souvent ourlés d'une génoise, où les ciels sont plus lumineux, où les anciennes maisons vigneronnes avec leur galerie à auvent ont un petit air latin, là, prises dans la trame serrée des vignes, les maisons du poète sont autant de hauts lieux où s'est inscrit le destin d'un homme entre l'écriture d'une œuvre, la gestion d'un important domaine viticole, les travaux du vin, les vastes espérances et les difficultés financières. Voici Monceau et sa grande terrasse ensoleillée bordée de roses du Bengale d'où Lamartine contemple les vignes qui s'étendent jusqu'à la Roche de Solutré : « Les vignes sont un immense tapis vert. Le soleil et les nuages sont les deux croupiers qui vous jettent les trésors ou la ruine », confie-t-il dans une lettre à Henri de Lacretelle. Voici Milly, la maison d'enfance, où il a grandi au milieu des vignerons :

> Contemple la maison de pierre,
> Dont nos pas usèrent le seuil [...]
> Écoute le cri des vendanges
> Qui monte du pressoir voisin,
> Vois les sentiers rocheux des granges
> Rougis par le sang du raisin. (*La Vigne et la maison*)

Voici Bussières, la petite église romane et le presbytère de style bressan où vécut l'abbé Dumont, précepteur du jeune Alphonse : « J'allais chez l'abbé Dumont, il n'y avait, entre sa maison et celle de mon père, qu'une colline ; au bas de cette colline, cultivée en vignes rampantes, le presbytère. Je trouvais ordinairement l'abbé occupé à émonder ses treilles. À la nuit tombante, après quelques moments de lecture ou de causerie, on apportait le souper. Ce frugal repas était arrosé de vin rouge ou blanc du pays » (*Confidences*). Plus loin, voici Saint-Point, mais la vigne déjà s'efface devant les grasses prairies d'embouche. On marche. On croit apercevoir dans les lointains, fugitive apparition, la silhouette élégante du maître des lieux, monté sur sa jument « Saphir » et entouré de ses chiens. On marche, on emporte à ses semelles un peu de terre du Mâconnais ; et, plus tard, le voyage et le paysage se prolongeront dans la dégustation d'un vin vif et doré, au bouquet frais et pénétrant, de belle matière, qui porte précisément le nom de la maison natale.

Maisons vigneronnes

Elles ont, chacune, l'accent du pays. D'ailleurs, pour faire savant, on les qualifie d'architectures vernaculaires, ce qui veut dire qu'elles sont du pays, typiques de leur terroir dont elles sont indissociables. Elles racontent à leur manière l'histoire, la géographie, le quotidien des vignerons d'autrefois, et donnent comme un avant-goût des vins du coin. Elles sont bien sûr innombrables, au fond de campagnes perdues ou le long des routes touristiques, dispersées dans le vignoble ou serrées les unes contre les autres comme les grains d'une grappe, gardiennes fidèles de la mémoire viticole des lieux, même quand les hommes ont arraché les vignes et toutes les traditions, tous les souvenirs qui allaient avec. Une humeur vagabonde, le sens des fréquentations intimes, le goût des circumnavigations au fin fond des provinces, telles sont les conditions nécessaires et suffisantes pour s'offrir, à peu de frais, l'infinie diversité de ces architectures des travaux et des jours, que l'âge ne fait qu'embellir.

En voici quelques-unes de ces maisons d'heureuse rencontre, enfin celles qui me sont devenues les plus familières à force de me promener le nez en l'air, sans savoir. Pour les autres, les mille milliers d'autres, à vous d'aller voir et de vous faire une idée de l'extraordinaire sens esthétique avec lequel les vignerons d'autrefois ont bâti leurs maisons, à leur image et à l'image de leur pays.

En Charente, je l'avoue, je me suis beaucoup promenée. Il fallait être patiente, ce pays est plein de secrets qu'il ne révèle pas comme cela, dès la première rencontre. Il fallait apprendre à peser des choses impondérables, la lumière à la fois précise et vaporeuse, le ciel tissé fin, les odeurs de distilleries, de chais, de jardins des soirs d'été, la douce paix romane de ses églises, le vent dans les peupleraies du bord de l'eau, l'enlacement limpide d'un bras de la rivière. Il fallait surtout trouver le nombre d'or de ce paysage tout de mesure et d'harmonie, pour comprendre cette parfaite architectonie de vignes, de collines, de villages, de fermes et de logis. L'un des secrets de la beauté de ce pays, c'est la pierre, calcaires tendres de Crazannes, de Saint-Même, de Thénac, dont le temps patine la blancheur originelle. Un autre secret de beauté, ce sont les toits de tuiles rondes, du roux au rose fané, souvent ponctués d'un épi de faîtage en poterie vernissée décoré d'oiseaux, d'anses ou de petits bonshommes. Avec ces matériaux de choix, les hommes du cognac ont bâti des maisons qui leur ressemblent, d'une forte et paisible ordonnance, cachées derrière de hauts murs qui s'ouvrent par un large porche de fière allure. Derrière les vantaux de bois, autour d'une cour toute blanche sous le soleil avec de grosses « ponnes » débordant de géraniums, les bâtiments, ouverts sur une intimité heureuse, s'ordonnent au carré : logis, chais, distillerie, hangars et resserres. Telle est la propriété charentaise que décrit Jacques Chardonne : « Voici, dans la cour, sous son toit de tuiles romaines, la maison en pierres calcaires d'un joli gris, austère et solide [...]. À la maison d'habitation font suite la grange, le pressoir, la brûlerie, la cave secrète où, comme un titre de noblesse, le paysan garde quelques fûts de vieille eau-de-vie » (*Le Bonheur de Barbezieux*).

J'ai quitté la Charente – mais quelques-uns de mes plus beaux songes y demeurent – et j'ai gagné la Loire. J'ai changé de rives, viré de bord, mais c'est toujours une affaire de fleuve et de vignes, de pierres et de lumières. Et des siècles et des siècles de traditions viticoles qui ont posé leur empreinte amoureuse sur le paysage. Car la Loire et ses vallées affluentes portent leurs vins comme un arbre porte ses fruits, des fruits auxquels on n'aura jamais fini de goûter. Diversité des crus et des appellations, variété des terroirs, et partout cette douceur de l'air, ces couleurs délicates, ces eaux courantes ou dormantes qui servent de miroir au ciel, et cette élégance de l'architecture, de la plus noble gentilhommière à la plus humble bicoque de vigneron. Ici aussi la pierre est belle et prédispose aux constructions de qualité : le tuffeau, facile à travailler et qui attrape si joliment la lumière, s'apparie à l'ardoise bleu-gris, dans des maisons où l'on aimerait demeurer le restant de son âge.

Vous connaissez la Devinière, évidemment ; vous y avez fait le pèlerinage qu'il faut dans la compagnie du grand écrivain aimé, vous y avez revu consciencieusement votre géographie pantagruélienne, vous y avez imaginé le tout jeune François chassant les moineaux dans les vignes avec les enfants du métayer, jouant dans le *plantis* du grand Cormier qui donnait un soyeux vin blanc de pineau, chipant les raisins presque mûrs, participant à la joie des vendanges, jetant des cailloux dans le noyer pour faire tomber les noix, mangeant l'andouille à la chinonaise, la matelote du Véron ou la bonne soupe de fèves. Vous avez fait tout cela, mais l'avez-vous aussi regardée, cette maison natale de Rabelais, comme un parfait exemple de ce qu'était l'architecture viticole tourangelle au XVIe siècle ? Cette métairie à cour fermée, typique du Chinonais, tout comme les borderies et locatures du Lochois ou les closeries du Val de Loire, abrite l'habitation du maître, celle du métayer et les dépendances, dont le pigeonnier où court une treille et les caves creusées dans le rocher. Rien n'a changé : le potager avec les choux et les salades, la grande pièce en bas avec son antique cheminée où Grandgousier fait « grasler » les châtaignes pour goûter la bernache, l'escalier extérieur appuyé sur les piliers de pierre et coiffé d'un auvent, qui mène à la chambre, le grenier avec sa porte massive. Havre d'enfance trop tôt quitté, cette modeste maison vigneronne, encore toute bruissante de la geste des bons géants, est devenue un haut lieu par la grâce de l'écriture et de la nostalgie.

On est en Touraine, l'air est doux, le ciel un peu pâli, la Loire jamais pareille, la pierre très blanche. On songe à Jules Romains : « La pierre de Touraine a merveilleusement servi l'appétit architectural des gens. Elle se travaille avec facilité. Elle surabonde, formant des lignes entières de coteaux. En bien des points, il a suffi de dégrossir sur place un pan de rocher et d'y percer des ouvertures pour que le pan de rocher devînt façade de pierre de taille, de la plus gaillarde apparence. Avec un rien de distraction, en croyant creuser une cave, on construisait une maison cossue. » Sur le coteau de Saint-Avertin, autrefois célèbre pour ses carrières de tuffeau, Jules Romains, dans son manoir de Grandcour, cultivait sa vigne et produisait son vin dont il était très fier : son ami Vercors en avait dessiné l'étiquette et Maurice Genevoix venait en comparer les mérites avec ceux du gris-meunier orléanais. Il décrit son petit vignoble de Grandcour : « De l'autre côté, il y a les vignes, que je ne vois pas. Mais il me suffit pour les voir de pousser une porte. Elles s'étendent au-delà d'un massif d'arbres, riches d'ombre. Elles portent des feuilles d'un vert léger, où s'allongent par endroits des lignes de feuilles déjà pourpres. Avec leurs ceps en rang, elles font penser à la dernière figure des Sokols, quand ils remplissaient toute l'aire du stade et saluaient » (« L'Été », dans *La Guirlande des années*). Aujourd'hui la vigne à Saint-Avertin fait de la résistance face à l'urbanisation, et donne d'adorables vins gris au nez de groseille, qui portent le vieux nom de Noble-Joué.

Vous voyez, la Touraine est un admirable lieu de promenade et de lecture ; on quitte Jules Romains à Saint-Avertin, on remonte un peu la Loire et l'on se retrouve, enchanté, à Vouvray avec Balzac : « En haut d'une délicieuse vallée, nommée la Vallée coquette, à cause de ses sinuosités, de ses courbes qui renaissent à chaque pas, et paraissent plus belles à mesure qu'on s'y avance soit qu'on en monte ou qu'on en descende le joyeux cours, demeurait, dans une petite maison entourée d'un clos de vignes, un homme à peu près fou, nommé Margaritis » (*L'Illustre Gaudissart*).

Elles sont si jolies ces maisons vouvrillonnes, surplombant la Loire ou nichées sur les pentes des vallons, accolées au rocher, moitié bâties avec des façades claires, moitié creusées dans l'épaisseur du tuffeau : « Dans la paroi de la haute falaise blanche que coiffe une vigne fameuse entre toutes les vignes, sont percés des appartements, se creusent d'immenses caves, fleurissent des pétunias, des capucines, des géraniums, ruissellent de vertes cascades de vigne vierge ; fermant une large cour qui sent la futaille et la rose, le logement de plein air ouvre ses baies d'un côté vers les clairs horizons du Val de Loire, de l'autre vers l'enchantement de la falaise fleurie ; et sur les marches de son seuil, le sourire de l'amitié salue le visiteur. C'est Vouvray, c'est la France. »

On l'aime, Maurice Bedel, d'aimer à ce point sa Touraine natale ; et si l'esprit de clocher fait écrire des textes comme les siens, avec ce petit parfum de futaille et de rose, cette mélodieuse odeur de terroir, ces treillages de capucines, alors, vive l'esprit de clocher ! Dans les herbes folles, on dégringole les « rottes aux biques » (ce sont les sentiers vouvrillons) ; on se faufile entre les clos, avec un désir de fromage de chèvre accompagné d'un verre de Vouvray doré ; on se sent une infinie gratitude pour les vignerons qui préservent coûte que coûte ce rêve de menus coteaux obéissants et gracieux, cette enclave de douceur modeste qui a quelque chose d'un jardin d'Éden. On saute de vallée minuscule en vallée minuscule, on s'attarde dans le val de la Brenne, où le poète Pierre Halet habitait une vieille maison vigneronne pleine d'âme ; il écrivait, cultivait sa vigne et faisait son vin avec amour et profond sens du partage : « Petits propriétaires du travail et de la peine du jour, notre inégale richesse dort son hiver entre quatre raies de charrue. Au premier coup de clochette du printemps, on déshabille le cep de sa vieille chemise de terre pour que l'adolescence d'avril le saisisse et le bouscule dans sa lenteur » (*Choisille ou les principautés monotones*).

Tout, dans ces maisons vigneronnes, dans la patience de leurs pierres et dans l'évidente beauté de leurs architectures, ramène à la vie plus lente et plus forte, plus lointainement enracinée, plus étroitement accordée aux saisons. On se dit que ces maisons-là doivent s'y connaître en bonheur, un peu mieux que les autres.

Les vieilles terres à vignes recèlent encore d'autres petits trésors, des constructions de trois fois rien où la beauté pourtant a fait son nid : un peu en retrait, très modestement, les « maisons de vigne » ont joué leur rôle pendant des siècles, abritant les outils, le cheval, le casse-croûte et le repos du vigneron, le protégeant des averses, en ces temps où l'on se déplaçait à pied et où le clos pouvait être assez éloigné de l'habitation. Il faut que je vous parle de ces cabanes de vignes, car il y a dans ces abris prosaïques et utilitaires quelque chose en plus, quelque chose de l'ordre du rêve et de l'attachement sentimental. Pour loger ses rêves venus de l'enfance, pour loger ses rêves les plus malicieux de refuge, de liberté et de bonne solitude, quoi de mieux qu'une cabane au milieu des vignes ? Installer ses rêves de plain-pied dans les vignes, y jouir de peu, pour une fois se retirer du jeu et ne rien faire que songer, se perdre dans le paysage, observer le ciel, écouter les oiseaux, ne pas effaroucher les lézards : on se dit qu'une rustique cabane, infime enclave au milieu des vignes, permettrait ce retour à soi-même, cet ultime recours au calme des collines. Y grimpe parfois un rosier aux fleurs simples et au feuillage grêle, presque une églantine.

Qu'elles soient de bois, de pierres, de briques ou de torchis, qu'elles soient à l'abandon ou amoureusement entretenues, un charme délicieux émane de ces toutes petites maisons du dehors. La vigne leur va si bien, et elles vont si bien dans le décor ; humbles, elles parlent encore patois et leurs noms ont l'air sortis de vieilles comptines : capitelles dans l'Aude ou dans l'Hérault avec leur toit de pierres voûté en encorbellement, gariottes ou cazelles dans le Lot, cadoles mâconnaises, cabottes à Meursault, caillebotes dans l'Yonne, grangeons dans le Bugey, loges dans l'Aube, mazet dans les Cévennes, ostalons ici ou là dans le Languedoc, très chics bories en Provence. Dans le Midi, elles sont plus jolies les unes que les autres ; en pierres sèches, elles ont goût de soleil, de thym et de cigales ; on y viendrait boire un verre de muscat en croquant des amandes fraîches si tendres sous leur coque de velours vert ; on y ferait cuire les têtes d'ail sous la cendre, parce que l'ail et le vin sont dons des dieux ; on y ramasserait les figues-fleurs aux branches du figuier qui l'ombrage… Pourquoi faudrait-il s'exiler de cette beauté-là, n'est-ce pas monsieur Ponge ?

« Pour ceux qui sont nés non loin de la Méditerranée, pas de doute : la Beauté existe. Et quelle folie d'habiter loin d'elle ! Quelle folie, quelle absurdité de s'en exiler ! C'est celle de la Fontaine de Nîmes, celle du moindre figuier. Celle du moindre cabanon à outils dans une vigne, non loin parfois d'un pin, d'un pin parfois parasol. C'est la mer scintillant comme un tesson de mosaïque entre les oliviers » (*Pour un Malherbe*).

En Touraine, en Vendômois, les abris de vignes miment les vraies maisons ; ils ont des coquetteries de tuffeau et d'ardoises, se haussent d'un menu pignon, s'agrémentent d'une cheminée, d'un puits, d'un minuscule appentis. On les appelle ici loubites ou caburoches, et leur robe blanche de pierre de taille leur confère un rien d'aristocratie. En Chinonais, vers le confluent de la Vienne et de la Loire, je connais, proches du logis de la Haute-Salvert, d'étonnantes cabanes, toutes rondes, murs et toit en pierres sèches, avec à l'intérieur une cheminée lilliputienne ; vers Crouzilles et Panzoult, elles sont rectangulaires et ont une petite fenêtre ou bouinotte. Ces très anciennes loges de vignes, d'un type peu fréquent en Touraine, sont posées là comme des devinettes dont on aurait perdu la réponse. Elles sont belles tout simplement, et c'est très bien ainsi.

Éloge de la cave

Longtemps, j'ai eu de la cave une idée très particulière : la cave de ma maison d'enfance sentait le vin vieux et la mer. Creusée dans la falaise, elle était une promesse d'ombre fraîche dans la grande chaleur du jour et veillait sur nos jeux les plus secrets bien plutôt que sur le sommeil d'hypothétiques grands crus. Par un fenestron on voyait les figuiers de Barbarie et la mer avec le soleil qui dansait dessus. Je croyais que toutes les caves du monde sentaient le vin vieux et la mer ; et c'était une odeur fabuleuse. La cave d'Ulysse à Ithaque devait sentir cette odeur-là, vieille comme le monde.

Depuis, j'ai appris qu'une cave à vins qui se respecte ne doit pas sentir la mer et les embruns, mais la terre, le bois, la feuille morte, les tannins, les lies fines, un peu le salpêtre qui fait sur les murs une poussière de cristal. Et qu'une cave à vins est faite pour abriter non des rêves d'enfant mais des puissances souterraines qui président aux métamorphoses du vin. J'ai appris qu'une cave, c'est une manière de chambre secrète où se trament des avant-bonheurs de bouquets et d'arômes, l'abri matriciel où le vin rêve et travaille, où gît le mystère fondateur. J'ai appris. Il n'empêche, toute ma vie j'essaierai de retrouver cette odeur de mer et de vin vieux qui allait avec l'enfance, et qui restera la plus fabuleuse odeur de cave du monde.

Ma première cave entièrement vouée aux intimités du vin, je l'ai visitée dans les pages d'un beau livre illustré à couverture rouge et tranche dorée, *L'Ami Fritz*, d'Erckmann-Chatrian ; il manquait les effluves mais j'avais les images – c'était un vieux livre de prix – et c'était comme dans la caverne d'Ali-Baba. Je me faufilais dans l'ombre de ce bon vivant de Fritz Kobus, dans sa maison à colombages, pansue, cossue, dressant son haut pignon sur la place des Acacias, dans l'un de ces adorables villages alsaciens, pimpants, croulant sous les fleurs, et dont Hansi a peint les clochers et les fontaines ; je descendais avec lui à la cave, je l'aidais à porter son panier, j'avais ses yeux écarquillés de plaisir ; j'avais huit ans, j'accédais aux mystérieux trésors de cette Alsace vineuse si éloignée de ma Méditerranée natale. Et là, c'était quelque chose ! « Il s'avança, le dos courbé, sous une petite voûte taillée dans le roc, et, tout au bout de boyau, il ouvrit une seconde porte, fermée d'un énorme cadenas. [...] Cette cave, la plus saine de Hunebourg, était en partie creusée dans le roc, et, pour le surplus, construite d'énormes pierres de tailles ; elle n'était pas bien grande. Tout le long s'étendaient des rayons, et sur ces rayons étaient couchées des bouteilles dans un ordre admirable. Il y en avait de toutes les années, depuis 1780 jusqu'en 1840. La lumière des trois soupiraux, se brisant dans le lattis, faisant étinceler le fond des bouteilles d'une façon agréable et pittoresque. » Et le voilà à choisir ses vins, des vins qui fassent chanter, remuant doucement la paille des rayons, rêvant sur un très vieux riesling : « C'était un vin jaune d'or, tellement délicat qu'en le buvant il vous semblait sentir comme un parfum oriental se fondre dans votre bouche. »

Bien plus tard, j'ai découvert la succulence de ce pays, ses crus lumineux, l'élégance souriante de ses villages vignerons, les tendres épaulements de ses collines, et les plus hauts escarpements au sud, où la vigne s'accroche à des sols volcaniques. Et j'ai visité des caves, aussi belles que celle de l'ami Fritz, avec des fûts sculptés comme des châsses, avec des vins qui racontaient des histoires d'amour incroyables entre des hommes et leurs terroirs. Du côté de Hoerdt ou de Village-Neuf, dans un printemps qui habillait la vigne de vert tendre, j'ai mangé les moelleuses asperges blanches tendres comme la rosée ; il y avait, dans mon verre un peu embué, un muscat d'Alsace si fruité qu'on croyait croquer un grain de raisin frais. Décidément, ce pays se parcourt par les chemins de traverse de la gourmandise et de la poésie :

> Le plus cher amant qui est mien
> Il repose chez l'aubergiste à la cave :
> Il porte une petite robe en bois
> Et s'appelle le muscat.
> C'est le meilleur des vins
> Il me rend gai à chanter.

Johann Fischart écrivait cela au XVIe siècle. C'était hier ; et c'est aussi maintenant, alors que l'un d'entre nous verse dans les verres le muscat sec et frais, si vivement aromatique qu'il fait chanter les papilles. Un vin que l'on boit à l'amitié abolit toujours le temps.

Donc, quand on a grandi et qu'on n'a plus peur du noir, on sait que descendre à la cave, ce n'est pas raviver les vieilles craintes primitives, c'est aller d'un pas léger à la rencontre du vin dans son territoire le plus secret, dans l'espace de ses menées souterraines, là où se préparent et se méditent les jouissances futures. D'où la jubilation, l'éveil des cinq sens, la convoitise et l'eau à la bouche. Colette raconte cela comme personne : « Nous descendons dans le souterrain royaume. Une très légère buée bleue épaissit l'air sous les voûtes étoilées d'ampoules électriques. À perte de vue et pareilles aux perspectives sans issue qu'inventent les songes, les parois sont de barriques, de barriques et encore de barriques. Si, du doigt plié, nous les interrogeons en passant, toutes chantent qu'elles sont strictement closes et pleines de vin bourguignon. [...] Au profond de la terre, dans la cave aux bouteilles, reposent les fruits de tant de soins : flacons jeunes, lisses, fioles millésimées ; aînées chenues, habillées lentement d'une fourrure impalpable, grise et blanche comme le duvet qui frémit sur le corps des bombyx nocturnes... Le maître de céans décoiffe l'une de celles-ci ; c'est l'instant de se taire, de lever vers la voûte un verre pansu à l'issue resserrée : l'œil d'abord, le nez ensuite, la bouche enfin » (*Prisons et Paradis*).

Telle est la cave bourguignonne, humide, terrienne, généreuse, vivante, respirante, follement bachelardienne. Elle tient de l'antre, du ventre, de la caverne, du souterrain, parfois même du labyrinthe : ainsi dans l'Yonne, du côté de Joigny, Irancy, Saint-Bris-le-Vineux, les caves communiquent entre elles, en un réseau compliqué qui sert d'abri, depuis des siècles, au sauvignon et au vieux pinot césar parfumé comme un panier de cerises. Dans les pays viticoles, la cave, lieu de gestation et de maturation du vin, a toujours quelque chose de maternel, de matriciel, de rassurant, par exemple ces caves suisses ou savoyardes dont nous parle Ramuz : « La belle saison dure ici (sous terre) toute l'année ; ici on vient pour être au chaud ; mais ce n'est pas seulement le corps, c'est le cœur qui est au chaud, dans ces cavernes de dessous la terre, qu'on ouvre avec la grosse clé » (*Chant de notre Rhône*).

Ailleurs, la cave tient de la grotte, lieu magique, « onirisme du sommeil tranquille des chrysalides ». J'aime cette image de Bachelard dans *La Terre et les rêveries du repos*, qui me donne à voir l'espace et le temps des métamorphoses du vin dans les paisibles et silencieuses ténèbres de la cave. Et elle me revient à l'esprit quand je me balade du côté de Chinon, Montlouis,

Saumur, où le vin a trouvé, dans les dédales creusés dans le tuffeau et le falun, un abri prédestiné offrant des conditions idéales de conservation et de vieillissement. Pays double, où il y a autant à découvrir en surface que dans les méandres souterrains. Cela ravit les visiteurs qui frissonnent un peu d'inquiétude et d'admiration, puis s'enchantent de ces vins rupestres, logés à si belle enseigne ; car dans le Saumurois, les propriétaires ont le sens du beau et ont souvent artistement aménagé leurs kilomètres de galeries en créant de fabuleux décors. Passant par Vendôme, Théophile Gautier trouvait charmant ce paysage à double fond : « Entre Vendôme et Château-Regnault [...] s'élèvent des collines où les habitants creusent leurs maisons dans le roc vif et demeurent sous terre, à la façon des anciens Troglodytes. [...] La cheminée, long tuyau pratiqué au marteau dans l'épaisseur de la roche, aboutit à fleur de terre, de façon que la fumée part du sol même en spirales bleuâtres et sans cause visible comme d'une soufrière ou d'un terrain volcanique. Il est très facile au promeneur facétieux de jeter des pierres dans les omelettes de ces populations cryptiques, et les lapins distraits ou myopes doivent fréquemment tomber tout vifs dans la marmite. Ce genre de constructions dispense de descendre à la cave pour chercher du vin » (*Voyage en Espagne*).

D'autres vins de grandes familles ont ainsi des mœurs troglodytiques et cavernicoles, et passent leur vie dans de fantastiques labyrinthes de carrières, avant de remonter à la lumière du jour pour y être célébrés et bus. La Champagne par exemple n'en finit pas de faire dialoguer le dessus et le dessous, le vert de la vigne et le blanc de la craie, la lumière tempérée de ses ciels et l'ombre douce et serrée de ses caves souvent monumentales. De ce dialogue sans fin naissent et renaissent les bulles et les bouquets de ses vins, et le sourire de l'ange célèbre.

Il faudrait aussi que je vous parle de Saint-Émilion où les barriques et les bouteilles des grands crus sont logées au cœur du rocher, dans les vastes excavations laissées par les carriers depuis le Moyen Âge. La pierre blonde est allée, au fil des siècles, se faire maison, château et même Grand Théâtre de Bordeaux ; et les vins sont venus, à la place des pierres, dormir dans le ventre de la colline, dans des caves belles comme des églises primitives avec leurs gros piliers. Peut-on rêver plus étroite intimité avec la terre native ?

Ici et ailleurs (je pense à la région de Tokaj), des lacis de caves dessinent un paysage en profondeur, dans le dur de la pierre et dans le doux de l'ombre, dans le temps suspendu du vin qui se fait. Un paysage en creux, ample et insoupçonné.

« Dans le vignoble, me dit Ramuz, ce qu'on voit des maisons n'est pas tout, ce n'est guère que leur moitié : ce qui est dans l'air n'est que le prolongement de ce qui est sous la terre ; et la vie y est une vie à moitié souterraine, soit qu'on pressure, soit qu'on encave, soit qu'on transvase, soit qu'il faille soufrer le vin ou le coller ; une bonne part des journées s'y écoule à la lumière des bougies ou à celle des falots tempête » (*Vendanges*). C'est bien cela, la cave : c'est la face cachée des choses, c'est, du vin, le côté ombre, le côté nocturne. Si la vigne au grand soleil est apollinienne, le vin dans les profondeurs de la cave est dionysiaque – pour reprendre la dichotomie nietzschéenne. Apollon brille sur la nuit de son frère Dionysos. Donc, au fond de la cave résident et le mystère et sa solution.

Ainsi descendre à la cave, sur les pas de Pantagruel, Panurge et leurs copains, c'est emprunter le chemin qui mène à la connaissance, accomplir une démarche initiatique, révéler une vérité cachée. Pour accéder à l'oracle de la Dive Bouteille, nos héros doivent s'enfoncer dans les entrailles de la terre par une entrée toute pareille à celle des Caves peintes de Chinon, descendre une bonne centaine de marches dans le noir et Panurge n'est pas très rassuré : « Descendans ces degrez numéreux sous terre, nous furent bien besoin premièrement nos jambes, car sans icelles ne descendions qu'en roulant comme tonneaux en cave basse ; secondement notre préclare Lanterne, car en ceste descente ne nous apparoisoit autre lumière » (*Cinquième Livre*). *In vino veritas*, est-il écrit au fronton du temple de la Dive Bouteille – adage érasmien devenu lieu commun, propre à alimenter tous les folklores bachiques. J'aime bien la façon dont Pierre Dupont (ce chansonnier que Baudelaire estimait pour sa générosité et ses idéaux) dit la même chose, mais en chanson :

> Dans quelque flacon bien bouché,
> Peut-être ma cave profonde
> Garde le problème cherché
> Qui fera le bonheur du monde.
> Dans son caveau le plus discret,
> Si quelque vérité sommeille,
> En voulant la boire d'un trait,
> N'allons pas casser la bouteille. (*La Cave*)

Telle est l'image archétypale de la cave, logis plein de songes, où le vin retourne dans le giron de la terre nourricière pour s'épanouir et mûrir à petite vitesse. Mais il est des régions où l'on ne descend pas à la cave : on va au chai. La nuance est d'importance. Peut-être une brève volée de marches, et encore : en Charente, le chai, toujours de plain-pied, est un bâtiment sérieux, pratique, sans fioriture, tout entier dédié à la bonification des stocks de cognac ; quelques vieux figuiers pour l'ombre, des volets clos, des murs épais noircis par un minuscule champignon prospérant dans les vapeurs d'alcool, des araignées diligentes pour tisser des toiles épaisses et feutrées – c'est le chai charentais que décrit Chardonne dans *Les Destinées sentimentales* : « Les chais de M. Pommerel, allongés autour des cours, sous un toit de tuiles rondes, une vigne vierge courant sur les murs crépis, ressemblent à une ferme, comme si le cognac, produit de la terre, marquait d'une empreinte rustique les bâtiments qui le reçoivent. Une faible lumière tombe des petites ouvertures découpées dans le toit, et l'on distingue à peine les rangées d'antiques barriques où le cognac mûrit au contact du bois ; il semble que ce lent vieillissement commande ici l'obscurité et le silence. »

En Bordelais, le chai est pareillement voué à l'ombre et aux mystères, il a cette sévérité un peu secrète des lieux où s'ourdissent les choses essentielles. Longue bâtisse, tapie sur le sol, enjolivée, dans le Médoc, de couleurs chaudes et gaies, de pignons pittoresques, de sculptures charmantes, le chai doit d'abord s'harmoniser discrètement avec l'ensemble architectural du château et des communs : côté face, le château pour l'image et l'apparat, et côté pile, les chais pour les travaux et les jours du vin. Subtilité lexicale spécifiquement bordelaise : au pluriel, les chais englobent tous les bâtiments nécessaires au fonctionnement de la propriété viticole ; au singulier, le chai désigne proprement le chai à barriques, le cellier où se fait l'élevage du vin. Tout cela a composé un paysage original, traversé les siècles, résisté aux révolutions et aux crises.

Puis, au cours des dernières décennies, les grands domaines se sont modernisés et dotés de chais et cuviers neufs et fonctionnels, ouvrant la voie à l'invention d'une nouvelle architecture viticole. Le pari était difficile : il fallait à la fois protéger et valoriser le patrimoine architectural historique et faire acte de création pour se plier aux nécessités de technologies de plus en plus sophistiquées. Aller et venir entre l'esthétique d'hier et celle d'aujourd'hui et de demain, en les associant étroitement, en se servant du paysage et de la configuration séculaire des lieux sans les altérer. Ces ambitions ont donné lieu à des réalisations virtuoses, surprenantes, parfois un peu folles et baroques, parfois sages et retenues, souvent exemplaires. Les chais souterrains, à la mise en scène si théâtrale et si convaincante, aux allures de cryptes, se sont multipliés. On aimerait citer des noms, mais ils sont trop nombreux. Plutôt y aller voir : ces nouveaux mariages du vin et de l'architecture invitent à refaire le voyage esthétique à Bordeaux, non plus sentimental mais audacieux et créatif. Comme un inventaire croisé du passé et de l'avenir. De toute façon, il faudra prendre son temps : cave ou chai, antre rustique ou cuvier monumental, tradition ou modernité, ce sera toujours une affaire de génie des lieux.

Pour finir, deux conseils d'ami, avant de faire un tour à la cave : prendre une petite laine, si l'on est frileux comme Georges Duhamel : « J'aime de penser longtemps d'avance au chœur, au concert des vins. Dès que le menu semble fixé, je vais faire un tour à la cave et je prends quelque pèlerine pour y flâner à mon aise » (*Vins, fleurs et flammes*). Et se souvenir de la devise qu'avait fait graver, au manoir de la Possonnière, le père de Ronsard au-dessus de la porte de la cave aux vins fins : *Cui des videto*, c'est-à-dire « avise à qui tu l'offres ».

Le taste-vin d'argent, le rat-de-cave, le vieux chandelier de fer ne sont plus de mise ; mais il y aura toujours la grosse clé de la porte, la part de l'ombre, l'exquis moment du choix, et puis ce temps, ce temps que, dans la cave, rien ne presse et rien ne lasse, ce temps suspendu du vin qui dort.

Le vin comme un des Beaux-Arts
Métamorphoses

> Noé fut le premier vigneron du monde. Élever, créer le vin, quelle auguste fonction ! Il y faut les connaissances, les loisirs, les vertus les plus diverses et les plus rares.
> Joseph Delteil (*En robe des champs*)

Les vins heureux ont une histoire, prise entre la clarté du jour, l'obscurité du cellier et l'avènement de la dégustation. Les vins heureux sont bien élevés, conduits jusqu'à leur représentation la plus expressive possible, jusqu'à la plénitude de leurs caractéristiques et de leur éclat. Les vins heureux sont accompagnés pas à pas, avec exactitude et sensualité, de leur prime jeunesse à leur point d'épanouissement optimal, peu à peu métamorphosés en « belle œuvre », une œuvre qui tire son essence et sa beauté à la fois des forces vives de la nature et de l'ouvrage constant, attentif et inspiré du vigneron.

Les vignerons d'Héliopolis « connaissaient les métamorphoses du vin – depuis sa vie au soleil jusqu'à son retour dans les celliers, puis à la résurrection où son esprit se marie à celui du buveur. Ils produisaient un vin clair, couleur d'or, d'un bouquet exquis, qui atteignait à sa maturité parfaite dans sa cinquième année. [...] Il y avait encore un second cru, le Vecchio, qui ne poussait que sur un versant de l'île. On le tirait d'un raisin rougissant, qu'on laissait se rider sur le cep. C'était un vin qui gagnait toujours en saveur à mesure qu'il prenait de la bouteille. Il avait, dans le verre des reflets d'ambre sombre ; quand on le versait, la pièce s'emplissait de parfum. » Dans *Héliopolis*, comme dans toute son œuvre, Ernst Jünger fait du vin le symbole de la communion des esprits, de la culture à son plus haut degré, de la plus douce douceur de vivre. Et dans cette description raffinée de vins imaginaires miroite toute la beauté du monde.

C'est à ce miroitement qu'aboutissent la longue patience et le travail délicat du vigneron, à cette valeur esthétique ajoutée au simple plaisir de boire. Le vigneron artisan de sa vigne ne devient-il pas artiste de son vin, quand, transfigurant cette matière première qu'est la vendange, il en fait naître une forme nouvelle et singulière, un grand vin, autrement dit une œuvre d'art ? Un grand vin, autrement dit un composé de science et de poésie, de mesurable et d'impondérable, de hasards et de nécessités, une architecture de goûts, d'odeurs, de matières, un fluide de savoirs assurés et d'intuitions fines. L'énonciation lumineuse d'un terroir, d'un cépage, d'un climat, du style d'un vinificateur – un grand vin c'est tout cela et aussi un petit quelque chose d'unique qui échappe à l'analyse, une harmonie, des modulations, un tempérament, un au-delà des mots. On dit : c'est une affaire de soleil, de lune, de comète ; on dit : c'est une affaire de cailloux, de rivière voisine, de brumes du matin ; on dit : c'est une affaire d'hommes ; on dit : c'est un secret. Tout cela pour dire que c'est un art.

De la matière

Dans la matière sont les germes de l'œuvre d'art ; dans la vendange sont les principes du grand vin. Le raisin rentré au cuvier, matière vivante, fragile, marquée par les forces telluriques et célestes, est la mise en œuvre du vin à venir ; et de la qualité de cette matière dépend l'œuvre future. C'est pourquoi le vinificateur entoure sa vendange de soins précautionneux, exigeants : il lui faut, pour envisager de transfigurer le raisin en grand vin, des grappes saines versées délicatement dans les hottes, les douils et les comportes, conduites à la cave sans offense et sans délai. Ses cheveux se dresseraient sur sa tête s'il entendait un vigneron tenir les propos du curé de Vallars dans *La Rôtisserie de la reine Pédauque* : « Puis-je aller à mon clos ? Le blanc peut attendre, il n'est pas mauvais qu'il vienne à pourrir, et même un peu de pluie ne ferait que rendre le vin plus abondant et meilleur. Mais il faut que le rouge soit cueilli tout de suite » (Anatole France).

La masse odorante de la vendange est déversée dans le conquet, la vis sans fin tourne, emporte les grappes vers leurs métamorphoses. Avant de passer aux choses sérieuses, le vinificateur rêve un peu à la silhouette du vin à naître, qui se dessine sur cette riche toile de fond, barbouillée de couleurs ; il rêve un peu, suivant des yeux les fruits entraînés vers le fouloir-égrappoir dans un voltigement de senteurs préfermentaires, et c'est le premier bonheur du créateur.

Bien entendu, toutes ces opérations préalables à la naissance et à l'élevage du vin sont aujourd'hui mécanisées et régulées. L'égrappage à la main, le foulage aux pieds, la fermentation à l'œil et à l'oreille, relèvent du folklore et sont relégués au grenier avec les vieilles lunes. Pourtant ces antiques façons de faire, qui mettaient directement, physiquement, charnellement, l'homme en contact avec la matière de son œuvre, avec le fruit de son labeur, ont marqué la mémoire collective et inspiré les artistes, peintres et poètes, qui voyaient là une participation aux forces cosmiques élémentaires, aux vieux mystères débordants et tumultueux liés au culte de Dionysos. Cela donne de belles images, puissantes, pleines de sèves, de mouvements, de couleurs, de bruits, qui célèbrent la mort du raisin et la naissance du vin. Ainsi Mistral accompagne de fifres et de tambourins le foulage des vins de Crau (en provençal, c'est plus suggestif et plus musical) :

> Nu et vigoureux comme un lutteur,
> quand Bacchus vient, et des fouleurs conduit la farandole aux vendanges de Crau ;
> et, de la fouloire comble,
> quand la boisson bénie,
> sous les jambes barbouillées de moût,
> dans l'écumante cuve échappe à pleine bonde.
>
> (*Mireille*, chant troisième)

Dans le Médoc – raconte Bertall – on joue du violon pour soutenir l'entrain des fouleurs : « Puis tout à coup le signal est donné, le violon fait entendre une trille, comme invitation à la danse, et voilà une douzaine de danseurs dont les pieds nus, agités comme par le dieu du vin, piétinent la vendange et l'écrasent ; ils sont gais, prennent des poses plastiques, tournent et polkent plus ou moins en mesure sur les flonflons de l'orchestre : le jus coule plus abondant par les rigoles ouvertes » (*La Vigne*). Le gentil Rémi Belleau, au temps de la Pléiade, disait que c'était plus pratique tout nu :

> Sus, versez dedans le tonneau,
> Et des pieds seulement y foulent
> Les hommes nus, et qu'ils écoulent
> Des grappes le germe nouveau.

Olivier de Serres recommandait de bien se laver les pieds : « Un homme à pieds nuds et bien lavés espraint les raisins, dont le moust s'escoule dans la cuve, par des trous faits au fons de la fouloire, et après le reste du marc y est jetté » (*Théâtre d'agriculture*).

Dans le beau roman de Miguel Torga, *Vendange*, qui se déroule dans le vignoble du Douro, la scène du foulage est d'un érotisme troublant, proprement dionysiaque : « Bientôt, caleçons retroussés, les hommes foulaient le raisin, en un mouvement qui avait quelque chose du coït, d'une chaude et sensuelle défloration. Dorés, noirs, violets, jaunes et bleus, les grains étaient des clins d'œil lascifs sur un lit d'amour. Comme des phallus gigantesques, les jambes des fouleurs déchiraient virilement et tendrement la virginité humide et féminine des grappes. » En inversant les rôles, en imaginant une femme foulant le raisin, le fantasme érotique fonctionne bien aussi, par exemple quand Jean Richepin rêve à son amour de jeunesse lui apparaissant

> Piétinant toute nue à même le cuveau
> Sur les grappes d'où va gicler le vin nouveau,
> Et l'odeur de leur sang fumant plein tes narines,
> Et l'automne écrasé sous tes orteils d'avril,
> Et ces flots amoureux caressant ton nombril
> De leurs écumes purpurines ! (*Ode à la vigne*, Interludes)

La mécanisation a fait disparaître cette proximité de chair avec le raisin, ces rites sensuels et joyeux, ces gigues bachiques dans le fouloir. Mais il nous en reste les images magnifiées par l'écriture et par les vagabondages de l'imagination, témoignages d'un temps révolu, d'une civilisation plus lente où le travail du raisin était un énorme labeur et une énorme fête, une immersion dans les forces vivantes de la nature, dans l'épaisseur obscure et lumineuse des choses. L'ombre du vieux Bacchus, indulgent à nos folies, plane là-dessus, évidemment, et il est tentant d'y sacrifier pour dire, comme Ronsard, l'euphorie expansive qui accompagne la naissance du vin :

> Mais d'autant plus que Poète j'aime mieux
> Le bon Bacchus que tous les autres dieux,
> Sur tous plaisirs la vendange m'agrée,
> À voir tomber cette manne pourprée
> Qu'à pieds nus un gâcheur fait couler
> Dedans la cuve à force de fouler. (*Gayeté*, III)

Plus encore que le foulage, le pressurage, dans les anciens cuviers, exigeait vigueur et puissances physiques pour exprimer tout le jus des grappes. Il fallait actionner ces pressoirs monumentaux que l'on peut voir encore, amoureusement conservés au fond des provinces viticoles, hauts bâtis de poutres, de madriers et de ferrures. Il fallait se colleter, magnifiquement, avec la matière, muscles bandés, volonté tendue, réitérant des gestes ancestraux jusqu'à l'achèvement de la pressée. Une cérémonie virile, une épopée, une lutte de tout le corps, enfin quelque chose qui tient du sacré, qu'évoque Giono dans *Jean le Bleu* : « Dans de gros corsets de planches on écrasait les grappes déjà écrasées. Il y avait une longue barre de bois toute gluante, et, au commandement, huit grosses mains claquaient sur la barre. Alors Mérope chantait et on voyait les mains qui se desséchaient en serrant le bois, et puis la force des hommes qui remontait dans les bras comme deux grosses boules de fer, et puis les poitrines qui se gonflaient pour avaler ces boules, et puis les reins qui se rejetaient en arrière, les jambes qui tremblaient; la barre craquait, le pressoir criait son cri d'accouchée, son ventre grésillait d'une écume rouge, et une petite pluie de vin tombait dans la cuve. »

Les vieux pressoirs, avec leurs craquements et leurs ruissellements, leurs treuils, leurs poutres centenaires, leur vis en cœur de chêne, ont trouvé refuge dans une demi-nuit, dans les musées aux côtés des légendes qui se sont tues. Depuis la mise au point des pressoirs modernes, horizontaux, contrôlés par ordinateur, le pressurage n'a plus rien à voir avec ce corps à corps grandiose et brutal, pénible et fascinant : la vinification a gagné en précision et le vin en qualité. Persistent l'imaginaire et les précieux conseils d'autrefois : « On doit fortement engraisser les vis du pressoir, et prendre garde que cette graisse ne tombe pas sur la maye. Dès qu'on aura fini de pressurer, on remontera la roue, si c'est un pressoir à étiquet, on recouvrira la vis avec un tonneau fait exprès, afin que les rats et les souris attirés par la graisse ne la rongent point. » L'abbé Rozier, agronome et botaniste, écrivait cela au XVIIIe siècle, dans son passionnant *Mémoire sur la meilleure manière de faire et de gouverner les vins.* Qui se souvient encore qu'il faut prendre garde aux rats grignoteurs de vis de pressoir ? Le temps est une eau qui va, et la mémoire un très frêle esquif.

Ce qui n'a pas changé et exerce toujours la même fascination, c'est la fermentation, le moût qui bouillonne, la matière qui entre en travail, les mousses folles qui débordent par-dessus les vaisseaux vinaires. Elle a beaucoup fait rêver les rêveurs, méditer les alchimistes et réfléchir les scientifiques, cette phase tumultueuse, foisonnante, effusive, qui marque la transformation du raisin en vin, avec des éruptions de gaz et de vapeurs qu'on disait « méphitiques », avec des geysers et des turbulences étranges. Virgile déjà la chantait en beaux vers épiques :

> Sur les bords de la cuve fumante
> S'élève en bouillonnant la vendange écumante.
>
> (*Deuxième Géorgique*)

Et, bien après lui, Philippe de Rothschild :

> Nous découvrirons [...] les cuves en travail
> Arches de levures et de fièvre
> Cathédrales offertes à ces noces sans heures.
>
> (*Sacre de l'automne*)

Même domestiquées par les technologies modernes, ces vieilles magies fermentaires, qui semblent toucher au secret le plus profond des choses, restent captivantes : par le truchement des levures, elles décomposent le moût pour composer le jeune vin, elles métamorphosent une substance multiple, fragile, putrescible, rapidement dégradable, en un breuvage unique qui résiste au temps ; d'un magma de grappes, baies et rafles, pulpes, pépins et peaux, elles font éclore des formes nouvelles, cohérentes, structurées, odorantes et sapides.

Manifestation de la vie triomphante, de l'énergie créatrice, de l'exubérance dionysiaque, la fermentation est, pour l'alchimiste, associée à l'idée de transmutation et de régénérescence ; pour le poète, Ronsard en l'occurrence, elle est métaphore de l'inspiration, de la fureur poétique, de l'écriture en action :

> Comme on voit en Septembre ès tonneaux Angevins
> Bouillir en écumant la jeunesse des vins,
> Qui chaude en son berceau à toute force gronde
> Et voudrait tout d'un coup sortir hors de sa bonde,
> Ardente, impatiente et n'a point de repos
> De s'enfler, d'écumer, de jaillir à gros flots, [...]
> Ainsi la Poésie en la jeune saison
> Bouillonne dans nos cœurs. (*Élégie au seigneur Lhuillier*)

Pour le philosophe, la fermentation est l'image de la pensée en gestation, en cours de formulation : « L'ineffable, c'est la pensée obscure, la pensée à l'état de fermentation, et qui ne devient claire que lorsqu'elle trouve le mot juste » (Hegel, *Phénoménologie de l'esprit*). J'aime que les cheminements de la pensée en train de se construire miment les bouillonnements des cuves, les mouvements du liquide encore bourbeux, les émanations énergiques de gaz. Et j'aime cette comparaison entre la pensée devenue claire, limpide, donc énonçable, et le vin nouveau devenu clair et buvable au terme de la fermentation. L'avènement d'un vin dans sa forme nouvelle, pareil à l'éclosion d'une pensée lumineuse, ou au jaillissement d'une parole poétique : il s'agit toujours d'esthétique. Cuvaison, décuvage, descente en barriques, le vin décante comme un poème, s'éclaircit comme une idée ; ses sucres transformés, il doit encore travailler, s'assouplir, s'affiner, équilibrer son acidité par la fermentation malolactique. Alors seulement on peut dire que le vin est fait ; il existe tel qu'en lui-même, individualisé, avec les caractères et l'originalité de sa matière première, mais encore en ses enfances : il va falloir l'élever, l'accompagner dans sa maturation, pour qu'il révèle ses potentiels et s'accomplisse. Il doit être « gouverné », comme on disait au temps de Montaigne ou de Montesquieu pour signifier l'éducation. Ainsi va-t-il acquérir un style.

Du style

Pour que se réalise un grand vin, il faut que ces formes nées de la matière deviennent style. N'est-ce pas là précisément l'une des définitions possibles de l'Art ? Le style, c'est une manière d'exprimer, d'exalter les qualités du vin, que la seule technologie, les seules règles de vinification n'expliquent pas. Le style procède d'une haute idée du vin, d'un vouloir et d'un savoir, et d'un grand rêve aussi ; car avant de le faire et de l'élever, ce beau vin, on doit l'avoir bien rêvé, on doit en avoir dessiné la silhouette, imaginé la personnalité future. C'est en cela que le travail de l'œnologue (ou du vigneron vinificateur) ressortit à un dessein esthétique. Et c'est en cela que son métier, certes rigoureux et codifié, disposant des acquits de la biochimie et de la microbiologie et de matériels sophistiqués, reste un art.

Dans ses plus belles expressions, le vin révèle la personnalité du vigneron qui l'a élevé ; il semble porter, telle une signature, l'empreinte de la main du vigneron qui l'a façonné : « Supériorité de la main !, me souffle Colette, Vivant, sensible, susceptible, le vin fait amitié avec la main amie » (*Prisons et Paradis*). Supériorité de la main œuvrante qui réitère des gestes séculaires, indispensables, irremplaçables : clarification par collage (six blancs d'œufs frais battus dans le bontemps médocain, ainsi que l'enseigne la tradition), soutirage, ouillage, méchage des fûts… Supériorité de la main précise, amoureuse, qui flatte le flanc des barriques, toque aux douelles, soulève les bondes, prélève à la pipette une fraction du précieux liquide, incline le verre dans la lumière, l'agite doucement, réveille le vin au bois dormant. Supériorité de la main qui signe l'ouvrage de l'artisan ou de l'artiste.

Élever un grand vin est un travail qui demande à la fois intelligence et imagination, réflexion et créativité, esprit de finesse et esprit de géométrie ; il y faut une patience active, une inspiration juste, une compréhension intime du terroir, du climat, du domaine, de l'âme des lieux. Comme un artiste, le vinificateur se nourrit d'influences, engrange les expériences, s'appuie sur la tradition, et en même temps rejette les idées préconçues, explore, s'interroge ; il dose l'acidité, la souplesse, la plénitude, privilégie l'intensité et la finesse des arômes, les saveurs les plus nobles des tanins, fait ressortir la personnalité du cru, en affirme l'essence singulière, affine ici, étoffe là, recherche l'harmonie optimale, l'éclat de l'authenticité, la juste expression d'un tempérament. Et tout cela avec tact, en touches légères. On pourrait dire qu'il est « l'auteur » de son vin, au sens étymologique, c'est-à-dire « l'augmentateur », celui qui « fait croître », confère de la portée, de l'importance, de l'existence en plus.

Ces exercices de style sont toujours délicats, voire périlleux, qu'il s'agisse d'un grand vin de cépage unique ou d'un grand vin d'assemblage pour lequel il faut pratiquer cet art subtil, qu'on dirait musical, de la cuvée. Élaborer un assemblage, c'est choisir, composer, construire, équilibrer, en mariant les lots sélectionnés, en jouant sur les cépages, les parcelles, l'âge des vignes, la maturité des raisins, la durée des cuvaisons, en dosant finement vin de presse et vin de goutte. En Champagne, la palette est d'une complexité inouïe, offrant une multiplicité de crus différenciés par terroir et par cépage, de vins de presse distincts, de vins de réserve provenant de récoltes antérieures ; l'assemblage y est un exercice virtuose, qui demande de rares talents de dégustateur et une mémoire olfactive et gustative infaillible.

C'est cela le style, ce qui se reconnaît d'un millésime à l'autre, ce fil d'or qui court dans l'étoffe d'un vin. À l'image du style littéraire qui relie entre eux les différents ouvrages d'un auteur, expression de ses choix personnels de langage, de son originalité, de ses conceptions esthétiques. Souvent, d'ailleurs, le vin sert de métaphore pour dire la qualité d'un style littéraire ; ainsi Sainte-Beuve, dans ses *Causeries du Lundi*, se laisse volontiers aller à déguster un texte comme on dégusterait un vin, à mots savoureux, en claquant la langue : « Le style de

Regnard a du corps et du bouquet » note-t-il, et on comprend ce qu'il veut dire. Mauriac, après la lecture des *Lettres à Roger Nimier* de Chardonne, écrit dans son *Bloc-Notes* en 1954 : « Mais quoi ! pour une fois qu'un auteur vivant m'enchante, je serais bien fou de ne pas céder à l'enchantement. Voilà le style que je goûte comme je goûte les bordeaux très vieux ou très dépouillés – un de ces vins qu'il faut se presser de boire parce qu'ils s'en vont, parce qu'ils ont le bonnet sur l'oreille disent les Bordelais. » Et je m'amuse à retrouver chez Cicéron la même image du vin pour parler d'un style trop nouveau ou trop archaïque : « Je conseillerais à nos orateurs d'éviter ce style nouveau, encore bouillonnant, qui pour ainsi dire sort de la cuve et sent le moût, mais de ne pas rechercher non plus le célèbre millésime de Thucydide, qui est trop ancien » (*Brutus*). Et comment ne pas songer à Claudel qui goûte la poésie de son ami Francis Jammes comme du vin ? « Moi, Champenois, j'ai aspiré jusqu'au fond votre livre d'homme du Midi, lui écrit-il en 1898, et j'ai senti combien me voici raisonneur et sec. Tout chez vous est original et vierge, la composition comme ovale des poèmes, le tour et les grâces naturelles d'un discours où les mots rattachés comme des grains de raisin crèvent d'un même jus dans la bouche. »

Vice-versa, on peut goûter un vin comme on goûte une page d'un écrivain aimé. On dira alors d'un vin structuré, précis, serré, qu'il a le style de Racine, de Stendhal ou de Benjamin Constant ; on dira d'un chinon épanoui avec l'âge, au bouquet complexe et à la matière riche, qu'il a le style de Rabelais ; on parlera, pour les différents styles de champagne, de classicisme, de romantisme, de baroque. Le jeu des correspondances stylistiques est sans fin, et il est amusant de s'y livrer à bon compte, à l'aune de ses préférences littéraires.

Idem pour tous les glissements métaphoriques possibles entre le style d'un vin et le style d'une œuvre musicale. Ainsi Hoffmann, qui rêvait tant les yeux ouverts, qui aimait, avec une poésie sans pareille, la musique, le vin et la , propose un délicieux système de concordances : « Pour la musique d'église, le vieux vin du Rhin et vins de Franconie. Pour l'opéra seria, le meilleur vin de Bourgogne. Pour l'opéra-comique, la liqueur jaunissante de la Champagne. Pour les canzonnettes italiennes, les vins de Grèce et de Sicile. Mais pour une composition romantique comme le Don Juan un verre de cette liqueur qui jaillit de la lutte des gnomes et des salamandres [c'est-à-dire le punch] » (*Kreisleriana*).

Dégustant un sublime Pétrus 1982, Michel Onfray file, déplie, déploie la métaphore musicale : « Après confrontations, explications, justifications, nous sommes convenus qu'il était Beethoven, et plus particulièrement la trente-deuxième et dernière sonate pour piano opus 111 en son premier mouvement. Fougue et puissance, retenue et mélodie, énergie et efficacité, refus de séduire, mais charme immense, style et tenue, caractère et tempérament sans masques, contrastes et goût de l'oxymore, le contenu de ce flacon était une œuvre d'art, une illustration des degrés possibles entre le beau et le sublime » (*Le Désir d'être un volcan*).

Et Jules Chauvet écrit, dans l'une de ses impérissables notes de dégustation, à propos d'un Château du Mayne 1951 : « Évoque de petits intervalles imaginaires et, par là, le rythme rapide d'une grâce aérienne. Évoque l'expression des tons aigus de la musique, élévation, rapidité, légèreté, petits intervalles, c'est un solo de flûte » (*Vins à la carte*).

Le vocabulaire du vin participe volontiers de ces synesthésies musicales : harmonie, accent, crescendo, attaque, ouverture, accord, partition, tons… et tant d'autres mots du vin qui appartiennent au champ lexical de la musique. Je me souviens d'un dégustateur mélomane parlant de la « séduction contrapuntique et orchestrale par l'abondance des arômes » d'un Château d'Yquem 1990.

Enfin, pour faire bonne mesure et nous convaincre du grand style d'un dîner « arrosé de Mâcon blanc, de Mission Haut-Brion et de Clicquot rosé », Léon-Paul Fargue n'hésite pas à invoquer d'un coup la poésie, la peinture et la musique : « C'est parfait ! C'est pour moi le comble de la réussite. Ça va très loin. Nous frisons, dans notre domaine, Virgile, Michel-Ange et Chopin ! Il y a égalité de classe » (*Dîners de lune*). Va pour Virgile, Michel-Ange et Chopin, si cela permet d'exprimer poétiquement le style des vins choisis. Mais gare à trop de métaphores qui ornent inutilement le discours sur le vin et ne disent pas grand-chose. Le style, pour le vin comme pour l'écriture, c'est la beauté qui naît de la plus extrême exactitude.

De la variété

La variété des vins va de pair avec la variété des beautés engendrées par l'art et la variété des goûts dont font preuve les hommes. Il y a autant de (bons) vins qu'il y a de (bons) vignerons, presque autant que d'étoiles qui indéfiniment s'éteignent tandis que d'autres indéfiniment s'allument. J'aime que le vin soit placé sous le signe esthétique de la variété, parce que le monde tient sa beauté de la variété, de la richesse des formes, de l'intelligibilité du foisonnement. « De la variété les grâces sont compagnes », écrivait joliment un vieux fabuliste.

Comme il serait illusoire de chercher à dénombrer cette prodigieuse diversité ! Ainsi disait Virgile :

> Mais qui pourrait compter et nommer tous ces vins ?
> On compterait plutôt sur les mers courroucées
> Les vagues, vers les bords par l'Aquilon poussées ;
> On compterait plutôt dans les brûlants déserts,
> Les sables que les vents emportent dans les airs.
>
> (*Deuxième Géorgique*)

L'infinie diversité des vins reflète l'infinie diversité des terroirs, des cépages, des climats, des vignerons, des traditions, des méthodes culturales, des façons de faire et des façons de dire. Tant de paramètres, tant de données subtiles et tant de variables concourent à l'élaboration d'un beau vin : la magie des sols, les nuances des ciels, les fastes des saisons, la fugacité des nuages, le passage de la fleur au fruit, le talent des hommes, l'art des assemblages, le disparate des millésimes, les bonheurs de l'inspiration… Pour dire la diversité des qualités des choses et la diversité des inclinations de l'âme, Pascal, dans ses *Pensées*, utilise l'image de l'extraordinaire variété des cépages et de leurs fruits : « La diversité est si ample que tous les tons de voix, tous les marchers, toussers, mouchers, éternuements. On distingue des fruits les raisins, et entre ceux-là, les muscats, et puis Condrieu, et puis Desargues, et puis cette ente. Est-ce tout ? En a-t-elle jamais produit deux grappes pareilles, et une grappe a-t-elle deux grains pareils ? »

Complexité ordonnée de la nature, variabilité des espaces et des temps, hétérogénéité des usages, combinaison des hasards et des nécessités : quelle que soit la maitrise des différents facteurs, un vin ne se duplique pas. Crée, élaboré et non fabriqué ou reproduit, chaque grand vin est unique, et, par là, tient de l'œuvre d'art. La mosaïque des crus, la polyphonie des arômes et des saveurs, la modulation des millésimes multiplient donc les possibilités d'enchantements, promettent des découvertes illimitées, autorisent l'embarras délicieux du choix : il y a, il y aura toujours, un vin, irréductible aux autres, qui s'accorde à l'émotion, à l'attente, à la soif, au désir, à la célébration de l'instant. D'un bout à l'autre de la planète viticole, quel champ d'exploration infinie pour un aventurier amateur de vins comme l'était R. L Stevenson ! « Les vins de Californie m'intéressaient. Il est vrai que tous les vins m'intéressent depuis toujours. Cela va du vin de raisins secs qu'un de mes camarades de classe cachait dans son coffre à jouets à ces remarquables valtellines qui, jadis, ornaient la table de César – et qui sont ma dernière découverte » (*La Route de Silverado*).

Dans son *Mémoire contre l'arrêt du conseil*, en 1725, Montesquieu, prenant la défense de la viticulture bordelaise source de richesses pour toute la province, soulignait la multiplicité des crus bordelais, propre à satisfaire tous les goûts : « La Sénéchaussée de Guyenne produit plus de vingt sortes de vins, forts ou moins forts, rudes ou moelleux, blancs dorés, doux ou secs, ayant du feu, ou clairs et verts. Il faut pour les Anglais des vins noirs, qui aient beaucoup de force et d'agrément. Il faut aussi des vins blancs qui aient beaucoup de feu et qui approchent du vin des Canaries. Il faut aux Hollandais des vins blancs très doux, de moins doux et d'autres qui ne le sont point. Les peuples du Nord veulent des vins rouges noirs et rudes, et de petits vins clarets et verts. Les Isles françaises réclament des vins corsés résistant à la longueur du voyage et aux chaleurs. Les villes des Flandres demandent certains vins gris et blancs. » Une telle diversité pour une seule région viticole ! Voilà qui illustre parfaitement le vieux principe esthétique de l'unité dans la variété. Ce sur quoi renchérit Mauriac : « Qu'il y a loin d'un médoc à un saint-émilion ! Mais dans le médoc et le saint-émilion, que de crus il faut savoir reconnaître ! Et dans chaque cru, que d'années ! Et dans chaque année, que de bouteilles différentes ! » (*Cahier de l'Herne*).

C'est qu'il y a le Vin au singulier, celui qu'on met en mots, en images, en symboles, en hommages, celui dont Baudelaire a entendu chanter l'âme un soir dans les bouteilles, celui dont Hoffmann libère l'esprit, le « Witz », enfermé au fond des flacons, celui que Colette appelle avec révérence « Monseigneur », celui dont s'emparent les professeurs pour faire des colloques, et les philosophes pour parler d'Apollon et de Dionysos. Et puis il y a les vins au pluriel, la foule des vins dont on ne pourra jamais faire l'inventaire, qui ont chacun leur tempérament et leur façon de séduire, qui racontent, chacun, les pays et les gens, et que l'on boit, ici et maintenant, pour le plaisir, pour la joie ou pour la nostalgie, pour se désaltérer, pour trinquer à l'amitié ou pour la jubilation de déboucher un grand flacon. Bachelard ramasse tout cela en un bel aphorisme : « Le vin est vraiment un universel qui sait se rendre singulier » (*La Terre et les rêveries du repos*).

Du temps

Le vin s'entend bien aux mystères du temps : il a apprivoisé ce temps qui tout emporte, érode et détruit, et l'a transfiguré en un temps alenti, concentré, qui métamorphose, exalte et bonifie. L'art du vin est l'art subtil de réunir en un bouquet les saisons écoulées et de faire du passé un présent, l'art d'offrir la durée à des choses délicates et fugitives : la vigne en fleurs, la lumière du solstice, une pluie de septembre, les grappes pleines d'abeilles, l'or d'un arrière-été, et d'autres choses passagères dont le vin garde la mémoire, même après des années. Est-ce parce qu'il est fluide et ondoyant comme la durée, que le vin sait si finement se concilier le temps, le rendre bienveillant, pour le retenir un peu, en suspendre le cours et parfois même le remonter ?

Donc le vin a des affaires secrètes avec le temps, temps perdu, temps retrouvé, temps baroque des enchantements et des métamorphoses, temps irisé qui roue et fait la queue de paon, comme on dit d'un vin qui déploie des flaveurs somptueuses. Il y a le temps de la naissance et de la jeunesse, agité, instable, tumultueux ; puis il y a le temps de la maturation et du vieillissement qui est le temps de la plénitude et du repos, le temps qui s'étire et prend son temps. Bien sûr, on peut boire le vin à peine sorti des limbes, breuvage encore incertain, provisoire, campagnard et délicieux : c'est le vin bourru, très peu cuvé, n'ayant pas terminé sa fermentation ; de cet inachèvement, il garde un aspect laiteux, maladroit, troublé par la lie, une pétillance enfantine et douce, une odeur hésitante. Instable, cet état transitoire ne dure guère ; le vin bourru passe aussi vite que les roses. Il faut se hâter d'en saisir l'aubaine pour un casse-croûte, sur le pouce, de fromage de chèvre et de noix fraîches. Ce nom lui va bien : il a la bourre des choses en devenir, encore en enfance, cette bourre duveteuse qui recouvre les bourgeons de la vigne au printemps, avant leur éclosion, avant le débourrement. En Beaujolais, on appelle « paradis » ce premier jus qui coule du pressoir, très aromatique et sucré ; en Val de Loire, on dit la bernache, on en arrose traditionnellement les châtaignes grillées et on en fait des fêtes populaires. C'est une petite fantaisie de trois fois rien qu'offre le vin, avant de passer aux choses sérieuses.

On peut aussi boire le vin nouveau ou primeur, sitôt fait, sitôt bu, sitôt pissé – dit-on. Cela se fait le troisième jeudi de novembre, bon an mal an, pour le meilleur et pour le pire. Oublions ce qui fâche, les producteurs peu scrupuleux, les fermentations accélérées, la betterave de M. Chaptal, le désolant goût de banane, la vague déferlante des vins standardisés et technologiques. Des vignerons exigeants, amoureux de leur terroir et de leurs vignes, ont à cœur de proposer des cuvées en primeur pleines de fruit, de charme et de vertu, vinifiés naturellement comme il y a cinquante ans. Le gamay noir à jus blanc, quand on le traite avec égards, se prête à ces exercices de style légers, francs et sans prétention. Alors pourquoi bouder son plaisir devant ces petits vins de soif à la grâce juvénile ? René Fallet, qui en connaissait un rayon, écrit des choses tendres et gouleyantes là-dessus : « Le beaujolais nouveau, c'est pas un premier cru, c'est le beaujolais nouveau et rien de plus. C'est un pinard malin, un ouistiti, un p'tit truc sympa et poétique » (*Le beaujolais nouveau est arrivé*). On vous parlera de bouquet de fleurs, de panier de fruits rouges, on vous dira fraise, framboise, groseille ou myrtille ; quand c'est bien fait et qu'un bon soleil a mûri la vendange, cela a la vertu d'un sourire.

À l'arrivée du beaujolais nouveau, ou de l'un de ses copains de Touraine, de Gaillac, de la vallée du Rhône et d'ailleurs, je songe à ce que conseillait drôlement Grimod de la Reynière : « Il faut s'emparer des vins à leur descente de la cuve, comme l'on s'emparait autrefois d'une jeune fille à sa sortie du couvent » (*Almanach des Gourmands*). Est-ce bien raisonnable ? On a toujours intérêt à ce que les vins aient fait leurs pâques, et que les jeunes filles aient appris le monde. Grimod de la Reynière devait aimer les tendrons.

En tout cas, dans une perspective esthétique, ces vins nouveaux, vite faits et bus dans leur prime jeunesse en deux temps trois rasades, relèvent de l'éphémère et de l'intuition héraclitéenne de la labilité universelle : tout coule, tout ruisselle, tout passe et s'efface, allant de *nouvelleté* en *nouvelleté* pour le dire comme Montaigne.

Mais le vin dont je vous parle tant, le vin qui sait l'art de vieillir, se situe dans une autre temporalité, une temporalité singulière dont je serais tentée d'aller chercher la définition dans *Alphabet*, ce texte magnifique de Paul Valéry qui se lit comme le poème du temps humain : « Animal profondément endormi [...] tu t'es fait une île de temps, tu es un temps qui s'est détaché de l'énorme Temps, où la durée indéfinie subsiste et s'éternise comme un anneau de fumée. » Le vin qui vieillit est l'une des formes intelligibles et rassurantes du Temps, un temps de la durée apaisée et de la continuité, un temps d'eaux dormantes, de mutations secrètes, d'épanouissements et d'assagissements, un temps qui doucement s'éternise. C'est dans un très vieux chai au bord de la Charente, que j'ai compris, autrefois, la nature subtile de ce temps-là, cette lenteur obstinée et précieuse, cette impression d'heures enroulées, lovées sur elles-mêmes. Je m'en souviens comme si c'était hier : une fraîcheur me prend aux épaules, je suspends mes pas sur la terre battue de peur de déranger le silence, je reste plantée là, envoûtée par cette paix sans âge, comblée d'odeurs grandioses de bois, d'humus, de vieilles eaux-de-vie. Le temps tisse sa toile. Un robinet de cuivre brille dans l'ombre. Quelque chose m'est donné, une très ancienne leçon de patience et de connivence avec le temps, une leçon que je n'ai jamais oubliée : les belles et fortes choses ne s'accomplissent que dans la durée.

Pour l'amateur, le vin renvoie toujours à cette idée heureuse de l'élaboration lente, de l'œuvre mûrie sans hâte, menée calmement à son terme. Un grand flacon vieillit au rythme harmonieux d'un poème longuement médité, comme dans les vers de François Coppée :

Un doux sonnet mûrit comme un bordeaux suave
Et tu fais bien, ami, qui né dans une cave,
De lire de beaux vers en buvant tes vins vieux. (*Le Vin*)

Le bon vin et la bonne littérature ont ceci en commun de durer, de résister au courant qui nous emporte, à la loi du temps, implacable, inlassable, irréversible. Et même, se demande J. K. Huysmans dans la préface d'*À rebours,* le vin ne vieillirait-il pas mieux que la littérature ? « La plupart du temps, les volumes ne sont pas ainsi que les vins qui s'améliorent en vieillissant ; une fois dépouillés par l'âge, les chapitres s'éventent et leur bouquet s'étiole. » Il pousse peut-être le bouchon un peu loin.

Quoi qu'il en soit, l'homme aime le vin vieux depuis la nuit des temps – c'est une parole d'Évangile : « Quiconque boit du vin vieux n'en désire pas de nouveau, car il dit : le vieux est meilleur. » L'Antiquité savait déjà cela. Ainsi Horace invite Mécène chez lui, à Tivoli, à venir déguster un vin fumé vieux de trente-sept ans. Et dans son *Satiricon*, Pétrone raille le nouveau riche Trimalcion, aux festins duquel coule à flots « un Falerne de cent ans récolté sous le consulat d'Opimius ». Pline donne des détails passionnants sur cette fameuse année d'Opimius : « Le soleil détermina, en cette année, une température splendidement idéale, et l'on garde encore de ces vins qui ont près de deux cents ans ; ils sont désormais réduits en une sorte de miel amer, et on ne peut ni les boire purs ni les tempérer avec de l'eau [...], mais on améliore et on met en valeur tous les autres vins en les coupant très légèrement avec eux » (*Histoire naturelle,* Livre XIV). Le grand âge des vins était déjà considéré comme une vertu, et l'idée de millésime n'était pas loin. Il est vrai que pour conserver leurs vins plus longtemps dans les amphores scellées de leurs apothèques, les Romains, se livrant à une drôle de cuisine, y ajoutaient du moût réduit, de la poix, du sel, du gypse, du miel, de l'absinthe, de l'aloès, et autres ingrédients douteux.

Le meilleur allié d'un grand vin pour qu'il puisse évoluer vers la perfection, c'est le tonneau, invention poétique, l'une des plus inspirées et des plus géniales de tous les temps – me dit Pierre Boujut dans sa merveilleuse *Célébration de la barrique* : « Le récipient naturel, c'est l'amphore, le vase, ou bien c'est l'outre que l'on trouve toute faite en cousant la peau d'un bouc. Les Grecs et les Romains, éminemment rationnels et utilitaires, ne pouvaient pas inventer autre chose. Tandis que les Celtes, peuple de rêveurs, insoucieux du temps et de la vie pratique, imaginèrent le fût, qui, comme les autres inventions de poètes, s'avéra pourtant plus utile, plus adéquat à son but que tous ses équivalents. » La barrique, logement vinaire idéal, permet ces échanges imperceptibles entre le vin, l'air et le bois qui autorisent le processus harmonieux de maturation : la couleur change, le bouquet se déploie, les tannins s'affinent, les saveurs se fondent, par oxydation, réduction, dissolution des principes odorants et sapides des douelles de chêne. Dans la bouteille, les métamorphoses se poursuivent, plus subtiles encore, les arômes s'intensifient, deviennent plus complexes, les saveurs se concentrent, les quintessences se préparent.

Ainsi s'ouvrent, à mes rêveries sur le temps, de vastes espaces : au cours de son sempiternel et doux sommeil, le vin superpose les temps. Il me raconte sa propre histoire, ses saisons au soleil et sa longue attente dans la nuit de la cave ou du chai, ses souvenirs et la vérité de ses origines ; il me révèle l'odeur typique de son cépage et les secrets de son terroir ; il me dit, lointainement, le temps qu'il a fait l'année de sa naissance, quand la vigne a pris fleur, comment se passèrent les longs jours pommelés de l'été, le ban des vendanges, le beau désordre des fermentations et la précieuse alchimie du vieillissement. Il me fait part de sa bonne éducation, de la beauté des lieux, des soins dont il a été entouré, du talent de ceux qui l'ont fait, de son aptitude à durer encore ou à s'épuiser.

Mais il évoque aussi, par son millésime, l'histoire universelle des hommes, les événements fastes ou néfastes qui ont marqué l'année de ses vendanges, la paix, la guerre, les peines et les joies, les tragédies et les euphories. Ainsi, goûtant un vin d'une année inscrite dans la mémoire collective, on boit un peu d'histoire de France.

Enfin, il me restitue, dans ses arômes, mon propre passé, et, dans certaines bouteilles, à moi-même mémorables parce qu'elles sont dans mon cœur comme les cailloux blancs du Petit Poucet, dorment à la fois les souvenirs du vin et les miens ; et ces bouteilles-là, qui me donnent comme un rendez-vous sentimental, font de fabuleuses machines à remonter, et parfois à transfigurer, le temps. J'écoute le vin me raconter ses souvenirs et, à mon tour, je lui raconte les miens, je me souviens d'initiations, d'amours et d'amitiés célébrées par quelque beau flacon, d'espérances et de joies partagées au cours de dégustations que je ne veux pas oublier.

Comment dire cette fascinante alliance entre le vin et le temps, mieux que Paul Valéry ? « Avez-vous remarqué comme les vins très vénérables ont du pouvoir sur les souvenirs ? Ils sont de vieilles gens délicieuses pleines d'histoires et de sagesse. Chaque goutte de ces œuvres du temps artiste est une merveille complexe : elle éveille dans notre sens tout un système d'harmoniques. [...] Chaque année qu'ils ont vécue dans la cave leur a laissé quelque perfection » (*Alphabet*).

Du chef-d'œuvre

Qualité de la matière première, travail, savoir-faire, science, intuition, style, temps : il faut tout cela pour que le bon vin devienne un grand vin. Soit. Reste le mystère, le je-ne-sais-quoi de miraculeux qui régit les chefs-d'œuvre et qu'il ne faut pas chercher à dévoiler : « Ce n'est pas la raison et la justice, ni même la science qui ont fait le vin de Bordeaux et le cognac.

C'est un secret », écrit Chardonne dans *Attachements.* Les secrets de ce genre sont toujours des promesses de bonheur. Que l'on parle d'art ou de vin, un chef-d'œuvre reste unique, à la fois évident et énigmatique, précis et indéfinissable, matériel et spirituel ; il résiste à la catégorisation, ne se décrit ni ne s'explique facilement. On devra l'apprivoiser doucement pour le prendre au piège des mots ; on devra organiser tout le cérémonial qui convient aux chefs-d'œuvre pour le goûter.

Justement, me direz-vous, le vin, même à son apothéose, n'est pas immortel ; il est dans sa nature d'être détruit, soit parce qu'il est bu, soit par les effets du temps. Il s'évanouit au moment de la dégustation, laissant derrière lui, traces légères, des émotions et des souvenirs. Dans ces conditions-là est-il légitime de le considérer comme une œuvre d'art ? Bien sûr ! Et aujourd'hui plus que jamais : l'art se moque désormais du sempiternel, de l'immarcescible et du gravé-dans-le-marbre ; l'esthétique louvoie sans cesse entre le durable et l'éphémère. Dans cette perspective, un grand vin est une œuvre d'art, sinon pourquoi vous en aurai-je tant parlé ?

Parce qu'il est une œuvre d'art, il a besoin d'un écrin, d'un théâtre, d'une mise en scène, il a besoin de personnalités passionnées autour de lui, il a besoin de lieux de beauté, de grâce et de création artistique. Et c'est un cercle vertueux, une manière d'émulation, de feu aux poudres : œuvre d'art lui-même, il suscite, inspire, attire, parraine d'autres créations artistiques. Les initiatives se multiplient, qui marient l'art et le vin. À Mouton, Philippe de Rothschild a été le pionnier de cette belle aventure, en inventant les étiquettes d'artistes, ces toutes petites merveilles signées par les plus grands, et en créant le Musée du vin dans l'Art, qui raconte, de Sumer à Picasso, l'excellent ménage qu'a toujours fait le vin avec la plasticité des choses. Sa fille Philippine raconte qu'elle entendait son père déclarer haut et fort, répéter à l'envi : « Un grand vin, c'est de l'art. L'art et le vin sont intimement liés, il faut les réunir » (*Mouton-Rothschild, le musée du vin dans l'art*). Depuis l'initiative du baron, l'appariement de l'art et du vin est partout chose entendue et thème d'expériences passionnantes ; l'étiquette a acquis ses lettres de noblesse et est devenue un genre artistique à part entière, pour lequel de grands peintres et graphistes sont sollicités, dans le monde entier. Ce que célèbre Philippe de Rothschild dans l'un de ses poèmes :

> Les étiquettes illustrées
> L'art des grands maîtres
> À tout chacun apporte
> Tellurique et céleste
> L'écho d'une ferveur. (*Le Vin*)

Certes l'art n'a jamais cessé de célébrer le vin, de représenter la sensuelle délectation de bien boire, d'en évoquer le culte, la signification symbolique et le riche imaginaire. Et les collections d'amateurs passionnés sont là pour en témoigner (je songe aux objets réunis par Edmond de Rothschild et qu'il présente dans son beau livre *Le Culte du vin*). Mais notre époque invente encore de nouvelles parentés entre le vin et la création artistique, de nouvelles connivences entre plaisir bachique et émotion esthétique ; un peu partout l'art s'invite au château et au domaine, s'installe dans les chais, habille les bouteilles, crée des coffrets, annexe des fonds de barriques, accroche des cimaises aux caves, se faufile dans les vignes, s'expose au public, intéresse les mécènes. Et cela donne lieu à d'heureuses rencontres, à des expériences majeures ou mineures, mais toujours étonnantes et enthousiastes. Vaste sujet que je ne fais ici qu'effleurer. Car il faudrait tout raconter : les grandes maisons de champagne, qui, très tôt, ont entouré d'objets d'art leurs précieuses bulles, le grand foudre sculpté par Gallé chez Pommery, le flacon de Gallé chez Perrier-Joët, et toutes les réalisations de l'Art nouveau, et la fameuse collection Taittinger de bouteilles d'artistes, les fondations d'art contemporain, les maisons d'artistes, les celliers transformés en galeries d'art. Il faudrait que je vous raconte tous ces propriétaires d'ici et d'ailleurs, qui ont deux amours fous, l'art et le vin, qui accueillent les artistes, leur donnent carte blanche pour qu'ils expriment leurs goûts et leurs couleurs, en Bordelais, à Saumur, à Perpignan, en Languedoc, à Cahors, en Alsace à Epfig, et plus loin en Italie, en Suisse ou en Allemagne, et jusque dans les nouveaux mondes viticoles. Comment tous les citer et n'en oublier aucun ?

Tant il est vrai que l'art est la plus raffinée des valeurs ajoutées au plaisir de boire, comme un supplément d'âme et d'image, un surcroît de jouissance. C'est, encore et toujours, l'imparable et sublime leçon du vieux Dionysos, dieu du vin et de l'ivresse, mais aussi dieu de la culture, du théâtre, de l'inspiration poétique et de la création artistique, et, par là, protecteur de tous les arts. Il est bon que les anciens mythes restent féconds et nous donnent, envers et contre tous les appauvrissements de la pensée, à apprendre et à rêver.

Le plaisir et les mots
Esthétique de la dégustation

> Autour des verres, les couleurs, les consistances, les parfums, les saveurs et les arrière-saveurs rencontraient avec une justesse infaillible les mots qui leur convenaient, qui étaient faits pour eux. Cette délicieuse leçon de goût était aussi un beau moment de littérature.
>
> Jacques Laurent (*Du mensonge*)

Sonne l'heure où la beauté du vin doit advenir et se révéler, où le vin, versé dans le verre, devient présence, couleur, parfum, saveur. Sonne l'heure où le vin est à boire, va être bu, ultime métamorphose. L'heure unique où tout ce temps accumulé dans la bouteille va s'écouler en plaisirs et s'épancher en mots. Tiendra-t-il ses promesses ? Aura-t-il l'issue heureuse que l'on voudrait ? Quelle sera la fête et quels seront les amis ? Et quels seront les mets pour lui faire escorte et exalter ses vertus ? Et quelles sensations charnelles et quelles évocations verbales et quelles réminiscences ? Vin patiemment élevé, attendu, sollicité, va-t-il dire son secret avant de n'être plus qu'un souvenir ? Il faut le boire pour savoir, ce n'est pas plus compliqué que cela, comme dit Francis Ponge : « Il y a un secret du vin ; mais c'est un secret qu'il ne garde pas. On peut le lui faire dire : il suffit de l'aimer, de le boire, de le placer à l'intérieur de soi-même. Alors il parle. En toute confiance, il parle » (« Le vin », *Pièces*). Une fois goûté, le vin parle et fait parler ; il s'exprime, se révèle et en même temps prend vie dans l'épaisseur des mots prononcés. Parole pour parole. « Le vin fait débonder les plus intimes secrets » dirait-on à la manière de Montaigne.

Longtemps prisonnier de la bouteille, le voici enfin à l'air libre, glissant dans la corolle de verre, dansant dans la lumière, dépliant sa robe, déployant ses arômes que j'effleure à peine du nez, que je flaire délicatement. Je hume les premiers effluves exhalés – ce tout premier cadeau que me fait le vin – et, déjà, mon odorat à la fête fait sa vendange de parfums. Le bouquet se noue et se dénoue. Sur la nappe blanche, un reflet pourpre ou doré, une tache de soleil. Et puis les lèvres, et puis la bouche qui goûte la texture, le grain, la mâche, la rondeur, la souplesse, la fraîcheur, la suavité, l'austérité, la grâce, la puissance, la longueur. Alors, pour nommer tout cela, on songe à mille choses de la vie, on convoque le meilleur de la nature, les fleurs et les fruits, la terre et la forêt, le gibier et les épices, la chair et le feu, et d'autres merveilles cachées sous le boisseau ; on évoque la musique, la peinture, l'architecture. Et le vin parle, et je parle du vin et je parle de moi à travers le vin. Par les mots, les images, les sensations, les associations d'idées, je cherche à capter un peu de la fugitivité du vin versé, bientôt bu, bientôt évanoui.

Pour bien goûter, il faut y aller des cinq sens, y mettre du sentiment et de la sensualité, y apporter tout son bagage comme à l'auberge espagnole, ses expériences, son goût des paysages, ses émotions, ses attachements et ses souvenirs. Cela ne vient jamais tout seul ; j'ai appris peu à peu à sentir, à goûter, en appliquant à la dégustation ce talent propre aux femmes de nourrir et de bercer, de combler les faims et les soifs, de transmuer la sève en sang, de fabriquer de la vie odorante et savoureuse avec trois fois rien, de faire de la tendresse avec des parfums de fleurs, des effluves de fourneaux, des senteurs de linge, des tiédeurs de peau, des odeurs d'enfance, des odeurs de jardins et des odeurs d'amour. J'ai appris dans le désordre, grands vins intimidants, petits crus simples comme bonjour, vieilles eaux-de-vie compliquées, en butinant au gré des découvertes et des amitiés, en emmêlant un peu de science à beaucoup de poésie, en ajustant sans cesse le savoir et le goût, en ajoutant à la saveur du vin la saveur des mots. Car toujours les mots ajoutent à la jouissance. Plaisir pour plaisir.

Petite théorie du goût

Un grand vin se juge, s'apprécie, se vante, tout comme une œuvre d'art, un style, une harmonie. Il suffit d'avoir du goût, faculté exquise de discerner les belles et bonnes choses. Et, puisque c'est en forgeant qu'on devient forgeron, c'est en goûtant qu'on développe son goût. Claudel, champenois né sous le signe de Bacchus (c'est lui qui le dit), a là-dessus une phrase formidable : « Le vin est professeur du goût, et, en nous formant à la pratique de l'attention intérieure, il est libérateur de l'esprit et l'illuminateur de l'intelligence » (*Louange du vin*, discours prononcé à Bruxelles en 1935).

Car le goût se façonne, s'éduque, s'enrichit, s'assouplit, mûrit comme un grand vin. Les Encyclopédistes ont traité vastement de ce sujet. Ainsi Diderot : « Le Goût est l'ouvrage de l'étude et du temps. C'est un don qu'on acquiert plus ou moins, ce n'est pas un ressort de nature. Un grand goût suppose un grand sens, une longue expérience, une âme honnête et sensible, un esprit élevé, un tempérament un peu mélancolique et des organes délicats » (*Essai sur la peinture*). On comprend vite qu'un vin puisse être un chef-d'œuvre, mais il faut du temps et de la pratique pour comprendre le pourquoi du comment de ce chef-d'œuvre, et comprendre pourquoi j'aime et pourquoi je n'aime pas. Au fil des expériences, on engrange des images olfactives et savoureuses, on affine ses papilles, on aiguise son flair, on mémorise des séries aromatiques et des caractéristiques organoleptiques ; on exprime mieux ses sensations et ses choix esthétiques. Ainsi le néophyte deviendra-t-il un amateur, celui qui aime, un peu esthète, beaucoup voluptueux, passionnément curieux, infiniment civilisé, humaniste forcément, doué pour l'amitié, et pour l'amour, pourquoi pas ?

« Ici l'amateur sourit [...] Il goûte cette harmonie comme on goûte un plat fin. Et cette comparaison me conduit à admirer que le commun langage, qui ne se trompe jamais, ait nommé goût ce pouvoir de jouir des belles choses, et d'en tirer comme une saveur de plaisir » (*Propos*). Donc l'amateur éclairé sourit, et Alain en profite pour nous rappeler la richesse sémantique du mot « goût », qui va et vient entre la sensualité et l'esthétique, entre les plaisirs de la table et ceux de l'esprit, entre l'art et la gourmandise, entre le beau et le bon, entre l'allégresse des papilles et celle de l'âme. Et quand on parle du goût du vin, on embrasse toutes ces significations à la fois. Ce qui complique un peu l'affaire et fait la part belle à la subjectivité, au sentiment, qui rendent les choses parfois confuses. Les scientifiques voudraient bien mettre un peu de rigueur là-dedans, en décortiquant les mécanismes neurophysiologiques mis en jeu lors de la dégustation ; et les œnologues voudraient bien rendre le plus objectif possible ce délicat exercice, en isolant les principaux constituants du goût du vin, et en codifiant des styles. Mais il subsiste, heureusement, une part de mystère, irréductible, quelque chose qui s'affirme et se dérobe ; et c'est là que se glisse la poésie.

En attendant, le principal reste d'aimer, de ciseler ses préférences, de se laisser aller à ses doux penchants. Apprécier le vin, c'est aussi se connaître soi-même. On goûte bien ce qu'on aime bien : « Ce sont, dit le philosophe vigneron Montesquieu, les différents plaisirs de notre âme qui forment les objets du goût comme le beau » (*Essai sur le goût*). Il me plaît que le seigneur de la Brède vienne me dire que les plaisirs de l'âme forment le goût et sculptent le jugement esthétique. Et M. Beyle enchérit sur cette séduisante idée : « Un homme qui porte aux nues le vin de Champagne aux dépens du bordeaux ne fait que dire avec plus ou moins d'éloquence : “J'aime mieux le champagne”. Chacun de ces vins a ses partisans et tous ont raison, s'ils se connaissent bien eux-mêmes, et s'ils courent après le genre de bonheur qui est le mieux adapté à leurs organes et à leurs habitudes. » (*De l'amour*). Sous la plume de Stendhal, le vin a le goût du bonheur, et si l'on a l'esprit délié, on s'y laisse prendre avec délice. Dans la mosaïque des vins et des goûts, à chacun de trouver son bonheur, en toute liberté, en toute connaissance de cause et en toute connaissance de soi – et c'est encore une leçon stendhalienne.

Puisque j'en suis à Stendhal, je ne résiste pas au plaisir de citer cette phrase vive et sèche qui m'enchante : « Ce n'est pas une petite chose que de connaître les vins de Bordeaux. J'aime cet art parce qu'il n'admet pas d'hypocrisie » (*Voyage dans le Midi*). Il dit là l'essentiel : déguster les grands vins, de Bordeaux ou d'ailleurs, est un art difficile, exigeant certaines vertus de droiture et de loyauté.

Chardonne écrit quelque chose d'approchant à propos du cognac : « Le cognac : l'exemple d'une chose parfaite qui suppose de hautes vertus morales chez ceux qui le produisent; d'abord le goût, la première des vertus cardinales » (*Attachements*). On voudrait tant que ces anciennes vertus-là perdurent, ce sont elles qui font aimer le vin, qui font aimer tout court.

Les mots et les gestes

La dégustation, cet art difficile et passionnant, rigoureux et poétique, ressortit directement à l'esthétique qui est, si l'on se réfère à l'étymologie, la science des sensations autant que la science du beau. À l'origine de l'esthétique, n'y aurait-il pas la grand'soif d'un philosophe qui s'est mis à réfléchir et discourir le verre à la main, un peu grisé par les arômes, stimulé par les saveurs ? On peut se poser la question. En tout cas, voici le moment de toucher le vin du nez et des lèvres, de le déshabiller de la langue et de toutes les papilles, de le pousser aux aveux et puis de le rhabiller en mots. Il ne s'agit pas de se tromper.

Loin de moi l'idée de vous faire un cours de dégustation, j'en serais bien incapable. Il y a des gens très compétents dans ce domaine, des écoles un peu partout, et des tas de livres épatants. Je songe évidemment à cette bible qu'a tout amateur dans sa bibliothèque et auquel on revient toujours : *Le Goût du vin* d'Émile Peynaud, qui donne une folle envie de devenir érudit, de tâter de toutes les beautés du vin, en connaisseur.

J'aime, pour ma modeste part, à dire les mots et les images, à raconter la valeur ajoutée par l'art aux gestes mesurés et mesurables du dégustateur. L'art et la littérature prolongent les enseignements et les enchantements de la dégustation, autorisent les rencontres avec des vins de rêve, inspirent la conversation, en réactivent le sens avec intensité et délicatesse. Alors pourquoi se priver de ce plaisir ?

Ainsi, par la grâce d'une page de Jacques Laurent, je suis invitée à Château Margaux pour y prendre une plus que parfaite leçon de dégustation : « Pendant chaque repas, plusieurs château-margaux d'âges très variés se succédaient, entraînant des appréciations dont l'entrain métaphorique masquait une rigueur presque minutieuse. Les amateurs savent exactement de quoi ils parlent quand ils évoquent la robe profonde d'un vin, sa rondeur et sa souplesse, ou la finesse de son nez. Après un vin soyeux, élégant, manquant peut-être un peu de corps, arrive un vin sombre et étoffé, plein en bouche. Chez un autre, c'est le bouquet complexe qui frappe, la beauté charnue de la charpente » (*Du mensonge*).

Et cette autre leçon d'anthologie que je m'en vais prendre chez Jules Verne : « Le vin était du Cos d'Estournel de quinze ans, qui méritait des égards. D'abord Edmond le versa dans de grands verres qu'il remplit au quart ; puis, donnant l'exemple à ses convives, il souleva ce verre à la hauteur de l'œil, plongea son regard à travers les rubis liquides, insinua que de vin avait du corps, du nez, et possédait une chair exquise ; alors, il abaissa son verre, l'agita lentement de droite à gauche, et plus vite de gauche à droite, y plongea l'éminence osseuse dont la nature l'avait si généreusement doué et huma pendant quelques minutes les suaves émanations dégagées par cette rotation intelligente. Après une muette extase, il absorba, les yeux fermés, toutes les jouissances multipliées par les années dans cette bienfaisante liqueur. Voilà comment on boit le vin à Bordeaux ! » (*Voyage à reculons en Angleterre et en Écosse*).

Tout est dit, là, de la juste liturgie des gestes, des impressions, des mimiques, du plaisir. L'œil, le nez, la bouche, en un crescendo sensoriel savant. Et puis les mots, car il va bien falloir mettre des mots sur toutes ces sensations et toutes ces émotions, et définir ces caractères et décrire ces attributs. Comment alors réduire la distance entre le langage et le vin, par nature fluide, labile, insaisissable ? L'affaire est d'autant plus délicate qu'il n'y a pas, pour rendre compte d'une dégustation, de langage très défini, avec des références précises et concises. Alors on recherche des images, des métaphores, des tournures pour cerner au plus près et traduire les impressions avec le plus de justesse possible. Évidemment cela a quelque connivence avec la poésie.

Parfois on change de registre et c'est grandiose : « C'était tout un cérémonial. Il débouchait soigneux la bouteille. Il versait. Son verre, il le tenait toujours à la base. Là il frimait l'aspect, la couleur. Un vin, c'est pas comme un homme politique, rare que ça vous trompe à l'apparence. Il reniflait ensuite et déjà il savait tout. Plus rien à apprendre. Enfin il poursuivait son office… dodelinait, tournait le liquide précieux dans le guindal. Voilà la haute technicité du lichailleur d'élite… le coude fixe, la pogne preste, hop ! la première gorgée… il laissait couler… qu'elle prépare la route… la seconde, celle-là, il se la gardait dans la bouche. Si c'était un bon petit cru, ça se lisait dans ses yeux » (Alphonse Boudard, *Le Banquet des léopards*). C'est orthodoxe, réjouissant et plus efficace que bien des jargons sérieux. Avec en plus un petit goût de revenez-y.

Le verre et la main

Avant de goûter le vin, la main caresse le verre, en épouse la forme pure, florale – tige fine, calice, corolle à peine éclose, tulipe ou rose ? L'une et l'autre à la fois, répond le poète

> La tulipe à la rose : "Tu es belle, je suis jolie !"
> La rose à la tulipe : "Tu es jolie, tu es belle aussi !"
> Le verre de vin : "Tulipe et rose, on vous réconcilie !"
> Kayam : "Vin, tulipe, rose, regardez ma joie !"
> (Omar Khayyâm, *Rubayât*)

La main lève le verre, qui s'approprie la lumière. La main l'incline à hauteur du regard, alors le verre, discret faire-valoir, s'efface devant le vin contemplé. La finesse, la transparence, la simplicité élégante du dessin sont qualités justement requises pour qu'il se fasse oublier : l'œuvre d'art, c'est le vin et non le verre. Et pourtant, que serait le vin sans le verre qui le contient, le retient, l'offre et permet d'en jouir, en exaltant les parfums et les goûts ? Il ne serait rien que le vin perdu de Paul Valéry, épandu comme *offrande au néant*. Il est important de célébrer le verre, nécessaire et poétique, ornement délicat du vin, même si les dégustateurs rigoureux et les censeurs sévères en bannissent toute fantaisie.

> Ô gentil verre, oserai-je bien dire
> Combien je t'aime, et combien je t'admire ?

Ronsard faisait ainsi l'éloge du verre, *net*, *beau*, *luisant*, inséparable des plaisirs bachiques. Au même temps, Rémi Belleau chantait, en vers mignards, le verre à vin d'Anjou :

> Crystal poli dessus le tour,
> Arrondi par la main d'amour,
> Crystal planté mignardement
> Sur un pied qui fait justement
> La base d'une colonnette
> Où règne pour le chapiteau
> De feuillage un triple rouleau.

La Renaissance découvrait les fragiles merveilles de Murano, élégantes et légères comme un souffle, ciselées, diaprées, aux motifs parfois exubérants. Les pays rhénans façonnaient des *Römers* richement ouvragés, souvent montés sur un pied d'orfèvrerie. À l'époque baroque, la Bohême taillait et gravait ses somptueux cristaux. Œuvre d'art à part entière, le verre alors éclipsait le vin et figurait, entouré de bonnes choses, dans les natures mortes savamment composées, énigmatiques et sensuelles de Willem Claesz Heda, d'Abraham van Beyeren, de Clara Peeters, de Georg Flegel, de Lubin Baugin, de Sébastien Stoskopff... Et là, sur la toile, dans de subtils jeux d'ombres et de lumières, le vin oublié dans le verre gracile, à moitié vide, rappelait la fragilité et la fugacité des biens de ce monde. Le buveur s'est absenté du tableau, on ne saura jamais pourquoi. Le vin au repos a l'air sage comme une image, pourtant je le devine qui palpite doucement, exhale ses arômes en imperceptibles volutes, s'exténue irrémédiablement au contact de l'air. Ainsi, dans les natures mortes, se poursuit sans fin le dialogue chuchoté entre l'hédonisme de l'instant et la vanité des choses. Et c'est fascinant.

Cristaux et verreries, hanaps, flûtes, coupes, gobelets et timbales, bohèmes et venises, chopes et vidrecomes, transparences et opalescences, tailles et gravures, rubis, améthystes et bleu cobalt : les sortilèges du verre suggèrent avec grâce les fastes du vin. Beaux verres et grands vins vont de pair, concourent à sublimer ce simple geste de boire, de la coupe aux lèvres. Et les riches collections que l'on peut admirer dans le musée du Château Mouton Rothschild, ou dans l'Orangerie du Château Pichon Comtesse de Lalande, rendent hommage à cet art du verre, fragile et pourtant défiant le temps, comme le vin.

J'aime une table chargée de verres anciens, parfois dépareillés, dans lesquels danse la flamme des bougies et brille l'éclat de la fête, où le vin choisi va venir révéler sa splendeur, ajouter ses miroitements à ceux du cristal, comme dans *Madame Bovary* : « Les bougies des candélabres allongeaient des flammes sur les cloches d'argent ; les cristaux à facettes, couverts d'une buée mate, se renvoyaient des rayons pâles. » J'aime soulever un verre ancien, cette fleur un peu lourde ; le vin sombre y scintille de lumières. J'aime aussi, menu plaisir, le son clair du cristal des verres qu'on entrechoque doucement. Tchin-tchin. Les yeux dans les yeux. Musique ténue et mélodieuse qui se prolonge en d'infimes vibrations, et qui vient charmer l'oreille – ainsi les cinq sens sont-ils comblés lors de la dégustation. Parfois les buveurs sont silencieux, attentifs aux confidences du vin, et seul les trahit ce tintement cristallin. Il y a, dans *Les Caves du Vatican*, une toute petite scène un peu mystérieuse, enchâssée dans cette rocambolesque histoire, où l'on voit le jeune Lafcadio et son oncle Wladimir se livrer nuitamment à une exquise dégustation clandestine, sans un bruit, sans un mot, à pas de loup : « Il renifle pour flairer où cela sent le meilleur, il s'empare d'une bouteille de tokay, en verse deux petits verres où tremper des biscuits ; il invite à trinquer, un doigt sur la bouche, le cristal sonne imperceptiblement. » Dans l'ombre feutrée, seul le son pur et doux du cristal indique la frontière entre le réel et le songe.

Il faut prendre garde à ne pas briser les beaux verres anciens que tant de lèvres ont effleurés ; ils sont fragiles comme des rêves.

La robe et la couleur

La robe : le mot dit bien qu'on est là dans le domaine de la séduction, du premier regard et du premier attrait. La robe qui tout à la fois voile et dévoile. C'est le premier charme du vin révélé à la lumière et la première conversation qu'on engage avec lui. Ce long regard sur le verre convoité, levé dans un rayon de lumière, ne serait-il pas un exquis moyen dilatoire, pour retarder un peu le moment de boire, prolonger à peine l'attente et accroître la jouissance à venir ? Comme dans l'amour.

Dans le tableau de Philippe Mercier, qu'on peut voir au Louvre, *Le Jeune Dégustateur*, le peintre a saisi ce moment singulier de la dégustation où, le regard absorbé par la contemplation du contenu de son verre, le personnage en juge l'éclat, la limpidité, la brillance, et recherche l'exacte nuance de la robe. On devine que ce jeune buveur aux joues rondes et à la bouche charnue est un connaisseur et qu'il s'apprête à goûter le vin avec la sensualité et l'attention qu'il faut. Quels mots, quelles analogies va-t-il utiliser, comment va-t-il définir la couleur du vin, astre immobile dans le verre ?

Disposant d'un vaste champ lexical multicolore, le dégustateur aura nécessairement un discours esthétique, multipliant les références picturales, empruntant aux peintres toutes les nuances de leurs palettes, puisant, en joaillier, dans le riche attirail des pierres précieuses. Lautréamont donne un bel exemple de cette écriture esthétique des chromatismes du vin : « Les polychromes ruissellements des vins du Rhin et le rubis mousseux du champagne s'enchâssent dans les étroites et hautes coupes de pierre de Bohême » (*Les Chants de Maldoror*).

Pour dire les nuances infinies de rouges, le dégustateur pioche dans les fruits : cerise (les crus du Beaujolais ont une robe rouge cerise, vive et profonde), groseille, framboise, grenade ; il pioche dans les fleurs : pivoine, coquelicot (le vin de Giono dans *Faust au village* est « de couleur assez claire. Tout en restant d'un rouge coquelicot, on y voit au travers ») et dans tous les rouges de la rose (« Rien ne fait paraître l'avenir couleur de rose comme de le regarder à travers un verre de Chambertin », dit Athos dans *Les Trois Mousquetaires*). Il pioche dans les pierres précieuses : rubis, grenat, hyacinthe, sardoine (« Oh ! le beau rubis que font du vin rouge et du soleil » dit Apollinaire, et le bon pape Boniface des *Lettres de mon moulin* « se faisait déboucher un flacon de vin du cru, ce beau vin couleur de rubis qui s'est appelé depuis le Châteauneuf des Papes »). Au peintre, il emprunte le vermillon, le carmin, la pourpre, le rouge franc, le vermeil.

Pour les rosés, la robe est tout charme : couleur d'aurore, pétale de rose, rose de mai, œillet fané, corail ou pêche, elle est plus diaphane que la tunique de Peau d'Âne, elle a la nuance exacte de la fraîcheur qui embue le verre comme une promesse. Elle annonce des grâces juvéniles et l'été lui fait la cour. Au pays de Ronsard en Vendômois, je connais un vin gris de Pineau d'Aunis dont la robe pâle, à peine rosée, est dite œil de gardon. C'est le vin tendre et léger des déjeuners sur l'herbe :

> Pour boire dessus l'herbe tendre
> Je veux sous un laurier m'étendre,
> Et veux qu'Amour d'un petit brin
> Ou de lin ou de chenevière
> Trousse au flanc sa robe légère,
> Et mi-nu me verse du vin. (Ronsard, *Odes*, II)

Pour caractériser un vin blanc à la robe soutenue, très brillante et riche en reflets, toutes les nuances de l'or sont convoquées par le dégustateur esthète : or pâle, vieil or, or rouge, or bronze, or gris d'un chablis encore tout jeune, champ de paille doré de juillet, or vert des pouilly-fuissé, reflets mordorés, chaude douceur du miel… Le Jurançon 93 de P. J. Toulet a des « couleurs de maïs », et, chez Ramuz, « l'Yvorne de l'ancien temps était comme du soleil, il était couleur de bouton-d'or, couleur de fleur de pissenlit » (*Vendanges*).

Pour peindre la robe d'un Château d'Yquem 1947, Michel Serres trouve sur sa palette les couleurs les plus précieuses, les rares patines des peintres d'intérieur hollandais : « La tunique du liquide avait pris un or profond, jaune orangé tirant sur le cuivre, nué de reflets roses : couleur sage et intelligente, parfumée aux piquants du désir. On aurait dit un fond de chaudron poli par la patience et le temps dans une cuisine flamande, un peu obscure, entre des traverses de bois noir. Le vin luisait comme la paille dans une étable, comme la boîte du compas illumine le quart, la nuit dans le vent » (*Les Cinq Sens*).

On parle de topaze, de topaze brûlée, d'ambre, d'acajou, quand les vins sont encore plus évolués, tels ces vieux vins d'Espagne et du Portugal servis dans la Bodega où se rend des Esseintes, le héros de Huysmans : « De puissants vins, des Porto, des vins âpres ou fruiteux, couleur d'acajou ou d'amarante, le vin martial de l'Espagne, le Xérès et ses dérivés, couleur de topaze brûlée ou crue, le san lucar, le pasto, le pale dry, l'oloroso, l'amontilla, sucrés ou secs » (*À rebours*). Dans cette grande famille des Xérès, le Pedro Ximenes donne, dans les vieux millésimes, des vins presque noirs, très concentrés, opulents avec des arômes de pruneaux et de cacao, et qui s'accordent à merveille avec le chocolat – noir sur noir.

Car il y a des vins sombres, denses, d'un beau noir velouté de papillon nocturne. Et ces vins d'encre sont aimés des poètes depuis la plus haute antiquité, comme on dit. Noir, le vin d'Homère, le vin « aux sombres feux », *aithops oinos* : le rusé Ulysse enivre le cyclope Polyphème en lui offrant une outre de vin noir. Noir, le vin d'été d'Hésiode, savoureux et sensuel : « Quand fleurit le chardon, quand, posée sur son arbre, la cigale stridente verse dru sa chanson claire au rythme de ses ailes dans la lourde chaleur de l'été, alors les chèvres sont plus grasses, le vin plus savoureux, les femmes plus lascives. » C'est alors le moment de

« boire du vin noir, assis à l'ombre, le cœur content de son repas, le visage offert au souffle bienfaisant du Zéphyr ! » (*Les Travaux et les Jours*). Ce vin noir des temps homériques, je le retrouve chez Giono : « Ce vin était là-bas au fond, noir, caillé. Il ne bougeait pas. Il était plat et luisant et le soleil se reflétait dedans. Dans le verre, il restait lourd, moiré de petits arcs-en-ciel » (*Jean le Bleu*).

Dans la Rome antique, une robe très sombre annonçait des vins de grande qualité, sur les tables les plus luxueuses : « Qu'un vieux falerne noircisse les cristaux éclatants » demande Martial (*Épigrammes*, VIII, 77,6). On sait que les très vieux falernes prenaient avec le temps et la madérisation des teintes brun foncé.

Les vins de Cahors à l'ancienne mode, avec leur robe de velours noir, étaient très recherchés et figuraient à la table des tsars. La densité impressionnante de leur couleur et leur richesse en tannins étaient dues au cépage, l'Auxerrois, et à une pratique traditionnelle, le chauffage de la vendange. Ce gros gourmand d'Alexandre Dumas en sert dans ses festins romanesques : « Tous les gentilshommes réunis autour d'une table magnifiquement servie attaquèrent les pâtés de faisans qu'ils arrosaient de vin noir de Cahors si généreux et si velouté » (*La Dame de Monsoreau*). Après une longue période d'oubli, le vin noir de Cahors renaît, avec sa robe magnifique, avec ses arômes intenses de fruits noirs, d'épices et de réglisse, et sa formidable longévité.

Il est bien que ces vins noirs de légende et de long vieillissement n'aient pas complètement disparu. Tristan Derème, le Béarnais, sait qu'il y a dans ce vin un peu de sorcellerie : « E sort di rasin negre un vin qui fait trepar », il sort du raisin noir un vin qui fait danser. Peut-être que le vin noir a quelque chose d'un philtre.

Enfin, où vais-je ranger le vin bleu, dans quel recoin de ma cave multicolore ? C'était le vin des pauvres gens, vin de médiocre qualité, « un gros vin bleu pour charretier » écrit Jules Romains dans *Les Hommes de bonne volonté.* Et Sully Prudhomme rajoute :

Dans les verres épais du cabaret brutal,
Le vin bleu coule à flots et sans trêve à la ronde. (*La Coupe*)

On voit bien que la palette des couleurs des vins et l'imagination des écrivains sur ce sujet sont riches, si riches, que je n'en finirais pas de vous les raconter. Ou plutôt je finirai par une chanson, une comptine tendre de Robert Desnos :

Avez-vous vu le tamanoir ?
Vin bleu, vin gris, vin blanc, vin noir,
Je n'ai pas vu le tamanoir !
Il est rentré dans son manoir
Et puis avec son éteignoir
Il a coiffé tous les bougeoirs
Il fait tout noir. (*Chantefable et chantefleurs*)

Les poètes ont toujours raison, vin bleu, vin gris, vin blanc, vin noir.

J'allais oublier les larmes (on dit aussi les jambes) qui coulent lentement le long de la paraison du verre auquel on vient d'imprimer un mouvement circulaire. On dit que le vin pleure et cela fait parler. Émile Peynaud écrit joliment : « C'est l'esprit du vin qui se condense sur le verre. » Même si la science explique sans problème ce phénomène, l'amateur se complaît à cette métaphore pleine de poésie et garde une haute idée de ces pleurs, dont le nom évoque ceux qui, chargés de vertus précieuses, s'écoulent des ceps fraîchement taillés. Les rêveurs y devinent le lointain écho d'une très vieille connivence culturelle entre l'huile d'olive et le vin ; mais ce sont de rêveurs. Je me souviens d'avoir lu, dans *Ervamoïra*, le roman de Suzanne Chantal qui raconte si bien le Portugal, un petit passage là-dessus : « Le vieux Ramiro contempla son verre vide : le vin avait laissé des larmes qui glissaient huileuses sur les flancs concaves du calice. »

Vous voyez, la robe, les jambes, les larmes : encore et toujours une histoire de séduction.

L'arôme et le bouquet

L'olfaction est le moment le plus sensuel de la dégustation : bien déguster un vin, le bien désirer, en avoir la connaissance la plus fine, c'est d'abord le sentir. Les gestes sont précis, posés, efficaces : porter le verre à mon nez sans l'agiter, flairer le vin au repos, pour en capter les senteurs les plus fugitives, les plus légères et les plus délicates. Puis faire danser le vin dans le calice, pour augmenter l'évaporation des composés volatils, comme si, d'un souple mouvement du poignet, j'éveillais le bouquet multi-odorant. Laisser se renouer les senteurs, y revenir enfin. Comme d'un parfum on décèlerait les notes de tête, les notes de cœur, puis les notes de fond.

Le nez me transmettra à coup sûr la vérité du vin. Mais cela se travaille : affiner son odorat aux plus subtiles expériences, l'exercer pour en faire le meilleur juge possible, est une œuvre de longue haleine, qui fait les grands dégustateurs et les grands parfumeurs, ces artistes qui sans cesse remplissent leur mémoire d'odeurs, accumulent les références et les souvenirs odorants, décryptent des senteurs nouvelles, se composent un riche album d'essences et d'arômes. Et, dans cette perspective, l'esthétique du vin rejoint l'esthétique du parfum. Comme pour l'art du parfum, se pose pour l'art du vin la question du langage, du vocabulaire des composants odorants : l'odeur est ineffable et la décrire n'est pas chose facile, d'autant plus que la subjectivité de chacun s'en mêle. Alors foisonnent les images, qui empruntent à tous les règnes, végétal, animal, minéral. Les spécialistes dressent des listes qui ont l'air de poèmes, avec des fleurs, des fruits, des feuilles, des épices, des champignons, du gibier, des résines, du cuir, des bonnes choses grillées…

Des arômes primaires des vins jeunes marqués par le fruit et les caractères du cépage, jusqu'aux parfums complexes du vieillissement, le bouquet d'un grand vin se déploie dans le temps en une lente alchimie, s'enrichit, se fond, se concentre au fur et à mesure de la maturation, se referme sur son mystère et s'ouvre sur une harmonie nouvelle. Je songe à ces vins de riche étoffe, au nez intense et quintessencié, qui vont se truffant avec l'âge, virent à l'odeur très fine de champignon, de sous-bois, d'humus et de cuir, peuvent prendre, tout au bout de leur maturité un étonnant fumet animal : Les vieux Pomerol, les très grands Bourgogne rouges, les Hermitage dans leur plénitude, les Cahors longuement attendus dégagent de miraculeux effluves de truffes et des nuances giboyeuses.

Puisque j'en suis aux chefs-d'œuvre, je vous parlerai du fabuleux vin jaune, qui n'a pas encore divulgué tous les mystères de ses arômes. Aux notes de noix fraîches si caractéristiques, s'ajoutent avec le temps des notes de curry, de cannelle, d'épices, d'agrumes et de bergamote ; c'est infini, captivant et cela peut toucher au sublime. Il fallait être né dans ce pays, en avoir emporté la terre à ses semelles aux quatre coins du monde, comme Bernard Clavel, pour dire avec les mots justes ce parfum si puissant et si énigmatique, qu'il faut lentement, longuement apprivoiser : « Ils ne buvaient pas. Ils restaient là à se regarder en approchant de temps à autre leur verre de leur nez. Ils reniflaient à petits coups puis éloignaient leur verre. “C'est le vin jaune, dit le vieux. Il est unique. C'est le vin de Revermont.” Et ils ne buvaient toujours pas. Et le parfum du vin continuait à monter, emplissant la cave. Avec lui, montait comme une chaleur, comme une paix aussi, qui calmait tout » (*L'Espagnol*). Certains très grands vins rendent silencieux, et l'émotion coupe court à tout discours. Ce silence-là est d'or.

Le corps et la chair

Voici le vin dans la bouche, palpé par la langue, diffusé sur le palais, perçu par les papilles, mêlé de salive, rondement savouré.

La bouche entre enfin en jeu, avec ses extraordinaires vertus de connaissance et d'intimité. « Le corps nous a bâti ce théâtre succulent de la bouche, tout éclairé de papilles et de houppettes pour la saveur. Il suspend au-dessus d'elles comme le lustre de ce temple du goût, les profondeurs humides et avides des narines. Espace buccal. Une des inventions les plus curieuses de la chose vivante. Habitation de la langue. Régions gustatives discontinues. Machines composées, il y a des fontaines et des meubles » (*Mélange*). Ainsi Valéry décrit-il ce remarquable outil de dégustation qu'est la bouche.

Pour tapisser toutes les papilles gustatives, le dégustateur garde le vin en bouche, le mâche, le fait farandoler. Le romancier japonais, Kaikô Takeshi, donne un compte rendu minutieux de cet exercice, dans un court récit intitulé *Romanée-Conti 1935*, qui raconte la dégustation de cette bouteille fabuleuse par deux amis, avec tout le cérémonial requis. Après les préambules, voici enfin le moment de mettre en bouche ce vin rare et longtemps attendu : « Le flux franchit ses lèvres pour pénétrer dans sa bouche où il fut lentement broyé. Il fut sassé par les dents, la langue, les gencives. Il fut distribué, pétri, avant d'être rassemblé à nouveau. Le romancier demeurait assis, tous ses sens en éveil, l'ouïe aiguisée, et il observait attentivement le courant qui, sur sa langue, se scindait en plusieurs ruisseaux, en gouttes, en masses, se repoussant avant de s'attirer. » Eugène Sue a une formule voisine pour dire pareillement l'attention recueillie du dégustateur : « Le chanoine but avec recueillement, fit ensuite claper sa langue contre son palais, et, si cela se peut dire, s'écouta pendant un instant savourer le bouquet du vin » (*Les Sept Péchés capitaux*).

Les papilles ainsi mises en émoi détectent les saveurs, la consistance, l'astringence. À partir de ces sensations, l'amateur dessinera le corps du vin, sa plastique, son corps érotique, parlant de chair, de souplesse, de fluidité, de plénitude, d'opulence, de moelleux, de chaleur, de rondeur, de douceur, de vivacité. Les uns seront trouvés plus virils, plus charpentés, et les autres plus féminins, plus délicats et tendres. On dira l'harmonie, l'attaque, l'épanouissement, la longueur en bouche. On dira l'architecture et la sculpture. On dira l'étoffe, la soie, le velours, le taffetas, le satin : c'est, par exemple, le vin de taffetas de Rabelais, le gentil pineau de la Devinière ; c'est le velours du vouvray de Balzac : « La servante apporta des verres et une bouteille de vin de l'année 1819. Le bonhomme Margaritis en versa précieusement dans un verre et le présenta solennellement à Gaudissart, qui le but. [...] Ce que vous buvez en ce moment est un vin de roi, la tête de Vouvray. [...] Monsieur, le vin de Vouvray, bien conservé, c'est un vrai velours. »

On parlera de forme, de volume, de structure, de consistance, d'équilibre et ce sera encore un discours esthétique.

Arrive le moment de l'incorporation et de la disparition : le vin bu se révèle tout entier puis s'évanouit. La gorgée avalée, le vin descend dans le corps : « Sentir immédiatement au creux du diaphragme son écoulement chaud, sa sûre et brûlante dispersion le long de nos artères, est une sensation presque sacrée, parfois trop forte pour une tête humaine », écrit Marguerite Yourcenar dans *Mémoires d'Hadrien*.

Voilà, le vin est bu, il me parle encore, sa puissance aromatique se prolonge, laisse son empreinte, reste en suspens puis s'estompe lentement. Il me parle encore, dans la persistance de ses senteurs les plus lourdes, au fond du verre vide. Tout à l'heure il va se taire. Le Temps du Vin, ce Temps artiste, s'est accompli. Restent les souvenirs.

Index
des artistes et auteurs cités

Table des matières

Ce volume,
le vingt-septième de la collection
« L'esprit et les formes »,
publié aux éditions Klincksieck
a été achevé d'imprimer en septembre 2007
sur les presses de l'imprimerie IDG,
52200 Langres-Saints-Geosmes

N° d'éditeur : 6567
N° d'imprimeur : 6853
Dépôt légal : septembre 2007